飞天神器
寻梦太空

中国运载火箭技术研究院 编著

中国少年儿童新闻出版总社
中国少年儿童出版社
北 京

图书在版编目（CIP）数据

飞天神器寻梦太空 / 中国运载火箭技术研究院编著 . –– 北京 : 中国少年儿童出版社 , 2017.11
ISBN 978-7-5148-4326-2

Ⅰ . ①飞… Ⅱ . ①中… Ⅲ . ①航天工业 – 工业发展 – 中国 – 少儿读物 Ⅳ . ① F426.5–49

中国版本图书馆 CIP 数据核字（2017 ）第 262260 号

FEITIAN SHENQI XUNMENG TAIKONG

出 版 发 行：中国少年儿童新闻出版总社
　　　　　　中国少年儿童出版社

出 版 人：李学谦
执行出版人：赵恒峰

策划编辑：李晓平	编　　著：中国运载火箭技术研究院
责任编辑：李晓平　栾 銮	插　　图：苏 凝
装帧设计：中文天地	封面设计：张思予　陈若琦
责任校对：樊 虎	责任印务：刘宏兴

社　　　址：北京市朝阳区建国门外大街丙 12 号	邮政编码：100022
总 编 室：010-57526070	传　　真：010-57526075
编 辑 部：010-57526854	发 行 部：010-57526608
网　　　址：www. ccppg. cn	
电子邮箱：zbs@ccppg. com. cn	

印刷：北京利丰雅高长城印刷有限公司

开本：720mm × 980mm　　1/16	印张：6.75
2017 年 11 月第 1 版	2017 年 11 月北京第 1 次印刷
字数：150 千字	

ISBN 978-7-5148-4326-2　　　　　　　　　　　　定价：30.00 元

图书若有印装问题，请随时向印务部（010-57526880）退换。

《飞天神器寻梦太空》编委会

编委会主任委员：罗晓阳　余梦伦

编委会副主任委员：史玉哲　张海东　李迪克

编委会委员（以姓氏笔画为序）：

王　旭　朱淼鑫　刘玉环　刘佳佳　牟　宇　李　帅
李　艳　李彬彬　张津泽　周　娟　袁　振　秦筱璇
钱　航　徐晓莉　扈佳林　颜廷贵

序 言

　　党的十九大报告明确指出，要"加快建设创新型国家"，推动航天强国建设。中国运载火箭技术研究院（以下简称"火箭院"）作为中国航天事业的发祥地，经过几代人接续奋斗，创造了以"两弹一星"、载人航天、月球探测为代表的辉煌成就。今天，这里已经成为中国航天地位最重要、规模最大、历史最长的导弹武器和运载火箭研制、试验和生产基地。

　　2017 年 11 月，火箭院迎来建院 60 周年。在这个值得纪念的日子里，我们在深入总结中国航天事业和火箭院的发展历程时，深刻认识到创新是民族进步之魂，也是中国航天从无到有、从小到大的发展之源。此外，我们也在思考一个问题，就是在坚持创新驱动、筑牢国家安全战略基石、推动建设现代化经济体系的同时，还可以用什么方式更好地弘扬航天精神、传播航天知识，在更大范围内凝聚起为实现中国梦、航天梦而努力奋斗的决心与力量。

　　2017 年年初，火箭院与中国少年儿童新闻出版总社共同策划，决定以青少年为阅读主体，由青年科技人员执笔，并在余梦伦院士的悉心指导下，编写出版一本权威的航天科普图书——《飞天神器寻梦太空》。在这本书里，既有丰富的航天知识、精美的航天图片和生动的航天故事，同时也蕴含着伟大的航天精神。

经过几个月的集智攻关，现在这本书终于出版了。近一年来，参与编写工作的青年科技人员在完成繁重本职工作的同时，加班加点，大量搜集资料，反复策划讨论，其间数易其稿，目前在院工作的 7 位院士也提出了宝贵的意见建议，并亲笔为青少年读者撰写成长寄语。大家都希望通过自己的努力，让全国青少年能够更系统地了解航天知识，学习航天精神，成长为德智体美全面发展的社会主义建设者和接班人。

习近平总书记曾寄语："青少年要敢于有梦。从《西游记》到凡尔纳科幻小说，飞船、潜艇今天不就有了吗？有梦想，还要脚踏实地，好好读书，才能梦想成真。"的确，一代人有一代人的梦想，一代人也有一代人的担当。航天事业充满无限梦想，航天事业更需无畏担当。希望《飞天神器寻梦太空》的出版能为教育强国建设贡献航天人的微薄之力，更希望广大青少年能够在阅读中有所收获、有所感悟，并努力实现心中的梦想。

衷心祝愿广大青少年早日成长为共和国的栋梁之才，为实现中国梦、航天梦而不懈奋斗！

中国运载火箭技术研究院　　　中国运载火箭技术研究院

院长：李洪　　　　党委书记：郝照平

院士寄语

CALT 1957

亲爱的小读者们：

航天成就令人鼓舞，航天精神代代相传。你们是民族的希望，更是世界的未来，还有很多的未知等待着你们去发现，也有很多的新奇等待着你们去探索。希望你们胸怀世界、脚踏实地，学习掌握更多的科学文化知识，发现未知、拥抱未来，早日成为优秀的一代新人！

余梦伦 2017年10月19日

中国科学院院士、火箭弹道
设计专家　余梦伦

中国工程院院士、飞行控制
技术专家 曾广商

《飞天神器寻梦太空》的小读者们：

　　少年智则国智，少年强则国强，少年进步则国进步。希望大家立德培智、健体修身，中国未来一定充满希望！

曾广商

二〇一七年十月二十七日

祝小读者们：

树立远大理想，

立志报效祖国。

好好学习，天天向上！

做党的好孩子，

早日成为共和国各项

事业的建设者和

接班人！

刘宝镛

2017年10月26日

中国科学院院士、导弹总体
设计专家　刘宝镛

中国工程院院士、火箭与航天
技术专家　龙乐豪

爱祖国，勤学习；

爱科学，快成才；

重修养，提素质。

龙乐豪

2017.10.18

航天事业因梦想起步，也飞在不断实现一代代航天人和中国人的梦想，希望你们敢于有梦，勇于追梦，并在实现自己梦想的征途中不懈努力，勇往直前！

刘竹生

2017.10.25

中国科学院院士、火箭总体设计专家　刘竹生

中国工程院院士、航天复合材料专家 李仲平

愿《飞天神器 寻梦太空》的小读者们在追求梦想的
征程中勇往直前，在成就自我的舞台上坚定执着，在探索新知的
道路上坚毅果敢，早日成长为共和国事业的优秀接班人。

李仲平
2017.10.17

《飞天神器寻梦太空》的小读者们：

这套书蕴含着宇宙的深邃，彰显着银河的浩瀚，孕育着伟大的精神，也充满了无穷的希望。探索浩瀚宇宙，任重道远；发展航天事业，使命光荣；建设航天强国，后辈更强。你们是中国的希望，也必将成就中华民族伟大复兴的梦想。

祝你们茁壮成长，早日成才！

姜杰

2017年10月20日

中国科学院院士、运载火箭导航制导与控制专家　姜杰

中国运载火箭技术研究院主楼

目 录
Contents

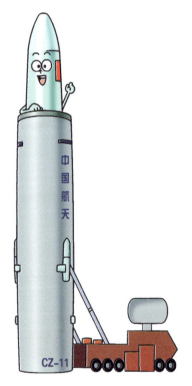

第 一 章

中国航天发展历程

 中国是火箭的故乡

　　从历史上看，中华民族有充足的理由为祖先的智慧和勇气感到自豪，因为中国是火箭的故乡，并且为世界所公认。

　　火箭最早的含义是"带火的箭"，是指用弓弩射出的、箭头上绑着燃烧物的武器，最早出现在中国的三国时期。

　　众所周知，火药是我国四大发明之一。黑色火药配方现存最早的文字记载，见于被后人尊为"药王"的唐代医药学家孙思邈所著的《丹经》。火药一出现，就被用于喜庆活动和军事目的。这时，火药只是被当作燃烧物。后来，人们发现火药燃烧时能产生大量的气体，如果在火药燃烧时将其封闭在筒状的密封容器内，就能产生巨大的推力，因此火药就成了"推进剂"。

　　火药发明后，宋代兵家打仗时，就把火药筒绑在箭杆上，点燃引信后，靠火药喷火产生的反作用力使箭飞得更远。这种火箭已具有现代火箭的雏形了。

　　下面就来看看我国古代发明的火箭吧。

第一种是名为"一窝蜂"的中国明代军用火箭。它采用木制桶状发射器，在发射器内安放了32支连在一起的箭。作战时，将发射器埋在地下，点燃露在外面的总线后，箭就犹如蜂群一般飞出重创敌人。火药燃烧产生的喷气推力大大超过弓弦产生的弹力，所以喷着火焰的箭速度更快，射程更远，杀伤力也更强。

"神火飞鸦"

另一种火箭俗称"起火"，是将火药封闭在药筒中，再捆在细杆上制成的，平时用作喜庆活动的"烟花"，战时就可以用作互相联络的"信号弹"。明代史书上记载的军用火箭——"神火飞鸦"的外形如乌鸦，是用细竹或芦苇秆编制成的，鸦身内装有火药，鸦身两侧各安装了两支"起火"，"起火"的药筒底部和鸦身内的火药则用药线相连。作战时，利用"起火"的推力将飞鸦射至100丈（约333米）开外，飞鸦落地时，鸦身内部的火药被点燃发生爆炸。爆炸时的飞鸦宛如今日的火箭弹。

此外，明代史书上还记载了一种名为"火龙出水"的军用火箭。这是一种用竹筒制成的龙形武器，内装带有火药筒的箭，外装"起火"。作战时，"起火"将龙身发射至空中，又点燃龙身内的火药筒，于是龙身就会射出着火的箭。"火龙出水"已经具备两级火箭的雏形了。

13世纪以后，中国的元朝和明朝时期，火箭作为武器有了更大发展。到了16世纪，抗倭名将戚继光已在军中大量装备火箭，有的火箭长 1.5 米以上，箭杆上绑有火药筒，射程能够达到 400 多米，令倭寇见之丧胆。

　　我国古代的火箭虽然结构简单，但在制作上非常注意细节，比如要严格控制填药量，以免火药过多而炸伤使用者；此外，要有效解决火箭的存放、运输、防潮等问题；火箭首尾相连安装时，还要保证前面的火箭燃烧完毕后，能准确点燃后面的火箭。这些对人们制造现代火箭仍有所启示。

2 世界飞天第一人——陶成道

　　钱学森曾给青年学子讲过陶成道的故事，这个故事钱学森的导师王士倬也给他讲过。

　　故事发生在公元 14 世纪末，那是在明朝洪武年间，有一个曾被朱元璋封为"万户"（古代一种官职）的人，他叫陶成道，是浙江金华人。他喜欢制作各种器具，还喜欢进行科学研究。有一次，陶成道做实验时，实验用的材料发生了爆炸，他险些受伤。但这并没有吓住陶成道，反而引起了他研究火器的兴趣，后来他制作出了一种火枪，虽然这种火枪很粗笨，但有一定的杀伤力。晚年时，陶成道希望利用具有巨大推力的东西，将人送上天空，去观察天空中的事物。为此，他准备了很长时间。

　　一天，陶成道手持两个大风筝，坐在一辆捆绑有 47 支火箭的蛇形飞车上。然后，他让人点燃第一排火箭。那个人手举火把，来到陶成道面前，犹疑地说："我心里好怕。"

　　陶成道问他："你怕什么？"

　　那人说："倘若飞天不成，你的性命怕是难保了。"

陶成道仰天大笑，说道："今天，纵然我粉身碎骨，也要为后世闯出一条探天的道路来。你不必害怕，快来点火！"

那个人只好听从陶成道的话，举起了熊熊燃烧的火把。

只听轰的一声巨响，蛇形飞车周围顿时浓烟滚滚，烈焰翻腾。顷刻间，蛇形飞车离开地面，升入了半空。

中华航天博物馆中的陶成道铜像

正当围观的人群发出欢呼的时候，蛇形飞车上的第二排火箭自行点燃了。突然，横空一声爆响，悲剧发生了。只见陶成道乘坐的蛇形飞车着火了，陶成道从蛇形飞车上跌落下来摔死了，手中还紧紧握着两个着了火的大风筝。

陶成道的飞天尝试虽然失败了，但他是世界上第一个提出借助火箭推力升空这一创想的人，因此他被世界公认为"真正的航天始祖"。20 世纪 70 年代，国际天文学联合会将月球上的一座环形山命名为"万户"，以纪念"第一个试图利用火箭飞行的人"——陶成道。

 **中国航天发祥地**

1957 年 10 月 15 日，我国与苏联签署了《关于生产新式武器和军事技术装备以及在中国建立综合性的原子工业的协定》（简称《国防新技术协定》）。根据协定，苏联将通过提供导弹的样品和技术

资料、派遣技术专家等形式，对中国的导弹、火箭研制工作进行技术援助。为了对接苏联援助，国防部第五研究院（简称国防部五院）着手进行组织机构调整，并筹备设立导弹、火箭总体研究院。

国防部五院决定把包括导弹总设计师室、发动机研究室在内的半数研究室，以及大部分机关人员划入总体研究院，国防部五院主要领导兼任总体研究院领导，国防部五院与总体研究院合署办公。

1957 年 11 月 16 日，我国首个导弹、火箭总体研究院，中国运载火箭技术研究院的前身——国防部第五研究院一分院成立，负责导弹、火箭总体设计和弹体、发动机研制，国防部五院院长钱学森兼任一分院院长。

研制出我国第一枚导弹

在国防部第五研究院成立大会上，聂荣臻元帅宣布了我国航天事业的发展方针："自力更生为主，力争外援和利用资本主义国家已有的科学成果。"作为仿制我国第一枚导弹的抓总单位，研究院在仿制苏联导弹的同时，竭力吃透各项技术，抢建基础设施，编制全国协作网，为今后独立研制国产导弹夯实基础，并逐渐掌握了发展导弹技术的主动权。

当年参与主持我国第一枚导弹仿制工作的谢光选院士回忆说："苏联专家撤走后，我们就向党组织建议，起用我们自己的专家，苏联专家从哪个岗位离开了，我们就顶到哪个岗位上！"

1960 年 10 月 23 日，中国运载火箭技术研究院抓总研制的、我国自行制造的首枚近程地地导弹——"1059"从北京南苑起运，远赴甘肃酒泉发射场。11 月 5 日 9 时 2 分，"1059"导弹点火升空，7 分钟后，弹头成功命中 550 千米外的目标区。

"东风二号"导弹准备发射

中国人民革命军事博物馆中
陈列的"东风一号"导弹

聂荣臻元帅激动地说："在祖国的地平线上，飞起了我国自己制造的第一枚导弹，这是我国军事装备史上一个重要的转折点。"后来，"1059"被赋予了一个广为人知的名字——"东风一号"，它成了一个震惊世界的导弹家族的开山鼻祖。

研制出我国第一枚运载火箭

"我们也要搞人造卫星！"这是毛泽东主席在 1958 年向全国科技工作者发出的号召。但要想把人造卫星送上太空，就不能没有大推力运载火箭。运载火箭的能力有多大，航天事业的舞台就有多大。研制大推力运载火箭这一任务，自然落在了中国运载火箭技术研究院的肩上。

研制中的运载火箭使用的是完全由我国科研人员设计的发动机，并首次采用"四机并联"的形式。研制这种发动机，必须克服火箭发动机"高频不稳定燃烧"这一世界性难题。据火箭发动机专家马作新回忆，研究院负责液体火箭发动机研制的科研人员，反复比较多个方案，进行了上百次试车，终于攻克了这个难题。在试车成功的现场，钱学森高兴地说："这标志着我国液体火箭发动机研制已步入自由王国，为我国大推力火箭的研制、设计、生产、试验奠定了基础。"

在自行设计"东风二号"导弹的时候，中国运载火箭技术研究院就开始着手研究运载火箭的相关技术，又在独立研制其他型号产品的过程中，使各项设计数据得到了有效验证，并掌握了级间分离等一系列关键技术，所以我国很快在远程导弹的基础上设计制造出了用于发射人造卫星的"长征一号"（CZ-1）运载火箭。

1970 年 4 月 24 日 21 时 35 分，"长征一号"运载火箭在酒泉卫星发射中心点火升空，将重达 173 千克的"东方红一号"卫星送入预定轨道，"东方红一号"的重量超过了苏联、美国、法国、日本这 4 个国家第一颗卫星重量的总和。

至此，我国"两弹一星"的宏伟蓝图全部实现，中国运载火箭技术研究院出色地完成了其中的多项重要任务，为我国航天事业的发展做出了巨大的贡献。

"孵化"出"长征"系列火箭

1975 年 11 月 26 日，由中国运载火箭技术研究院抓总研制的"长征二号"（CZ-2）运载火箭，成功将我国首颗返回式遥感卫星（重量是"东方红一号"卫星的 10 倍）送入预定轨道，使我国成为世界上第三个可以发射返回式卫星的国家。"长征二号"运载火箭也成为后来"长征"系列运载火箭的原型。

1984 年 4 月 8 日，中国运载火箭技术研究院抓总研制的"长征三号"（CZ-3）运载火箭成功将"东方红二号"试验通信卫星送入地球同步转移轨道，标志着我国掌握了极为复杂的氢氧发动机与低温燃料使用技术。我国也成为少数几个有能力发射地球同步轨道卫星的国家之一。

1990 年 4 月 7 日，"长征三号"运载火箭成功将美国制造的"亚洲一号"卫星送入预定轨道，完成了我国首次国际商业卫星发射任务。

同年 7 月 16 日，我国首枚大推力捆绑式运载火箭——"长征二号 E"（CZ-2E）首飞成功，使我国火箭近地轨道运载能力几乎翻了两番，为我国拓展国际商业卫星发射市场奠定了坚实基础，这也意味着我国火箭的运载能力足以发射载人飞船。

1994 年、1997 年，由中国运载火箭技术研究院抓总研制的"长征三号甲"（CZ-3A）和"长征三号乙"（CZ-3B）运载火箭相继成功发射，它们与随后研制的"长征三号丙"（CZ-3C）运载火箭组成了当时我国高轨运载能力最强的火箭家族。作为我国的主力火箭，它们多次承担了月球探测、北斗导航等重大航天工程的发射任务。

1999 年 11 月 20 日，由中国运载火箭技术研究院抓总研制的我国首枚载人专用火箭——"长征二号 F"（CZ-2F）首飞成功，其设计可靠性达到 0.97，安全性达到 0.997，被誉为"神箭"。迄今为止，"神箭"已将 11 名航天员送入太空，实现了中华民族千百年来的飞天梦。

上 面 级

上面级是多级火箭最上面的一级，通常为第二级或第三级。上面级的作用介于运载火箭和航天器之间，既有自主轨道机动能力，在轨飞行时间又长，它一般可多次启动点火，满足不同的发射任务需求，可以将一个或多个载荷送入预定轨道，被形象地称为"太空巴士"或"太空摆渡车"。

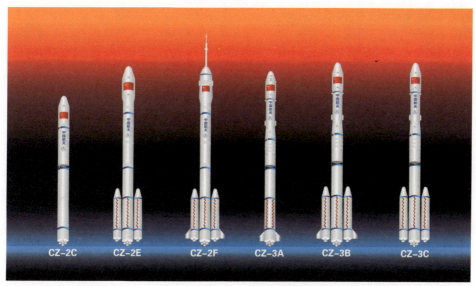

CZ-2C　　CZ-2E　　CZ-2F　　CZ-3A　　CZ-3B　　CZ-3C

功勋卓著的"长征"火箭

　　截至目前，中国运载火箭技术研究院已经相继研制完成"远征一号"、"远征一号甲"和"远征二号"上面级，并通过飞行试验，使我国拥有了国际领先的火箭上面级家族。

　　2015年9月25日，由中国运载火箭技术研究院抓总研制的我国首枚具有工程实用价值的固体运载火箭——"长征十一号"（CZ-11）成功首飞，使火箭发射准备时间缩短至24小时以内。

　　2016年6月25日，由中国运载火箭技术研究院抓总研制的我国新一代中型运载火箭——"长征七号"（CZ-7）成功首飞，拉开了我国中型运载火箭更新换代的序幕。

　　2016年11月3日，由中国运载火箭技术研究院抓总研制的"长征五号"（CZ-5）运载火箭成功首飞。在世界现役运载火箭中，我国"长征五号"运载火箭的运载能力位居第二，这标志着我国开始由航天大国迈向航天强国。

中国运载火箭技术研究院

4 中国航天日

2016年3月8日，国务院批复同意：自2016年起，将每年4月24日设立为"中国航天日"。设立"中国航天日"，旨在宣传中国和平利用外层空间的一贯宗旨，大力弘扬航天精神，科学普及航天知识，激发全民族探索创新热情，唱响"发展航天事业、建设航天强国"的主旋律，凝聚实现中国梦、航天梦的强大力量。

天安门广场，是全国人民向往的地方，这里每天升起的国旗都是新的，而且每面国旗都有自己的编号。2016年4月24日是首个"中国航天日"。北京市人民政府天安门地区管理委员会特地把当天飘扬在天安门广场上的国旗赠送给中国运载火箭技术研究院。目前，这面国旗被珍藏在中华航天博物馆内。

中国运载火箭技术研究院院长李洪（右）从天安门地区管理委员会党组书记、主任费宝岐手中接过国旗

护送国旗至中华航天博物馆

5 航天曲折路

亲爱的读者朋友，你在电视上看到过火箭喷发着熊熊火焰一飞冲天的情景吧？你也看到过航天员在太空漫步的情形吧？在这些让人振奋的画面背后，其实是一条充满艰辛曲折的发展道路。世界航天发展从来都不是一帆风顺的，航天人为探索太空也曾经付出过沉重的代价。现在我们就来看看苏联、美国和中国 3 个航天大国在航天发展历程中发生的 3 个故事吧——

忽视"小数点"的代价

苏联是世界上第一个将航天员送入太空的国家，但苏联在航天事业发展的过程中，却因为忽视了一个"小数点"而付出过鲜血和生命的代价。

1967 年 4 月 23 日，苏联第一艘载人飞船"联盟号"顺利发射升空，但飞船在返回时却高速撞向地面，导致飞船上的航天员科马洛夫不幸丧生。为什么会这样？后来科学家们经过反复检查，发现是在计算有关飞船的数据时忽略了一个小数点，使得数据出现了一连串的错误，导致飞船的一些设计出了问题，当飞船进入飞行轨道后，出现了右侧太阳能电池帆板展不开、无线电短波发射器无法使用等故障，并开始失控。当飞船靠自身重力高速返回到距离地面8000多米的高度时，降落伞主伞、备用伞也因数据计算错误而无法打开，最终导致飞船以百米每秒的速度坠毁。

正是一个粗心的计算，导致了航天史上的一次严重事故。

小元件引发大火箭失控

中国"长征"火箭在发射成功率上一直保持着骄人的成绩，位居世界前列，但"长征"火箭也发生过一次重大发射事故。

为进军国际商业卫星发射市场，我国从1994年开始研制"长征三号乙"运载火箭。1996年2月15日，"长征三号乙"运载火箭首次发射国际通信卫星。然而，在火箭刚刚点火起飞后，由于一个电子元器件的失效，最终导致满载燃料的火箭坠毁并爆炸。强烈的气浪瞬间冲垮了火箭发射塔架，还造成了人员伤亡，两位从事火箭设计的高级工程师也不幸当场牺牲。此次发射不仅造成了生命和财产损失，也给中国开展国际卫星发射服务带来了一定的负面影响。

泡沫碎块导致的爆炸

2003年2月1日，美国"哥伦比亚号"航天飞机在完成各项太空实验任务重返大气层时，瞬间与地面失去联系，不久后人们发现它在空中爆炸解体了，机上7名航天员全部遇难。

事后经调查发现，是由于"哥伦比亚号"航天飞机发射升空时，外部燃料箱上脱落的泡沫碎块将航天飞机的隔热瓦撞出了裂缝。当时虽然有工程师提出过警告，但并未得到重视。航天飞机返航时，

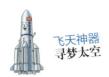
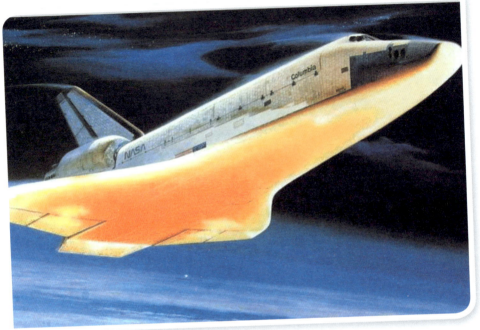

航天飞机再入大气层

其表面与空气发生剧烈摩擦，从而产生高温，并从那个被忽视的裂缝处开始烧蚀航天飞机表面，最终造成航天飞机在返航途中完全解体。

通过以上的故事我们可以看到，各国的航天事业都与高科技、高风险相伴，很多航天工作者也为探索太空付出了沉重的代价，但航天工作者从来没有停止过前进的脚步，并不断取得新成就。所有航天工作者都有一个共同的愿望，那就是在探索浩瀚宇宙和人类未知空间领域的进程中，走得更稳、更安全。

第二章
中国的火箭

经过近 50 年的发展，我国在运载火箭技术方面取得了举世瞩目的成就。"长征"运载火箭经历了由常温推进剂到低温推进剂、由末级一次启动到多次启动、从串联到并联、从一箭单星到一箭多星、从载物到载人的技术跨越，具备了发射低、中、高不同地球轨道卫星，不同类型卫星，以及发射载人飞船的能力。

"长征"火箭模型图谱

到目前为止，我国共研制了 17 型"长征"运载火箭，LEO（近地轨道）运载能力 25 吨，GTO（地球同步转移轨道）运载能力 14 吨。截至 2017 年 9 月，"长征"火箭共进行了 251 次发射，将 300 多个航天器送入预定轨道，发射成功率达到 96%。其中"长征一号"、"长征二号"、"长征二号 E"、"长征三号"、"长征四号甲"等 5 个型号的运载火箭已退役，"长征"火箭模型图谱如上图。

1 "长征一号"（CZ-1）

"长征一号"是我国首枚运载火箭，它于 1965 年开始研制，初期由第七机械工业部第八研究院负责总体设计，1967 年 11 月改由中国运载火箭技术研究院作为主研制单位，它是为发射我国第一颗人造卫星"东方红一号"而研制的三级运载火箭。

CZ-1 火箭起飞质量 81.6 吨，起飞推力约 1020 千牛顿，箭长 29.5 米，最大直径为 2.25 米。1970 年 4 月 24 日，它成功将我国第一颗人造地球卫星"东方红一号"送入预定轨道，奠定了"长征"系列运载火箭发展的基础，拉开了中国探索太空的序幕。

"长征一号"

CZ-1 火箭共执行过两次发射任务，均取得圆满成功。第二次发射是在 1971 年 3 月 3 日，它成功把"实践一号"科学探测与技术试验卫星送入轨道。目前，该型火箭已退役。

2 "长征二号"（CZ-2）

"长征二号"是我国第一枚箭体采用 3.35 米直径的火箭，主要用于发射返回式遥感卫星。它的研制成功，使我国成为世界上第三个掌握航天返回技术和航天遥感技术的国家，这对加强我国国防力量，发展国民经济具有重要意义。

CZ-2 火箭长 31.2 米，起飞重量 192 吨，近地轨道运载能力 1.8 吨，使用偏二甲肼和四氧化二氮作为推进剂。它是中国运载火箭的基础型号，于 1974 年 11 月 5 日首飞，先后执行过 4 次发射任务，成功 3 次。目前，CZ-2 火箭已退役。

"长征二号"发射升空

3 "长征二号丙"（CZ-2C）

"长征二号丙"是在"长征二号"的基础上改进设计而来的，分为两级和三级两种状态，主要用于近地轨道（LEO）、太阳同步轨道（SSO）以及地球同步转移轨道（GTO）卫星的发射任务。CZ-2C火箭是中国现役火箭中唯一具备发射近地轨道、太阳同步轨道及地球同步转移轨道卫星能力的运载火箭，也是唯一在我国酒泉、太原、西昌3个卫星发射中心均执行过发射任务的运载火箭，该箭兼备"一箭一星"、"一箭多星"的发射能力。1998年底，CZ-2C火箭被原航天工业总公司授予"金牌火箭"称号，是我国首个"金牌火箭"。

CZ-2C火箭从1975年11月26日首飞到2017年9月，共发射45次，成功44次。1987年8月，CZ-2C火箭第一次为法国马特拉公司成功搭载发射微重力装置，开启了中国航天国际商业发射服务的历史。

两级状态CZ-2C火箭全长43米，直径3.35米，主要用于发射近地轨道、太阳同步轨道卫星。其200千米近地轨道运载能力为4.1吨，700千米太阳同步轨道运载能力为1.1吨。在CZ-2C火箭的基础上，通过增加固体上面级形成三级状态CZ-2C/SM火箭，包括CZ-2C/SM

"长征二号丙"点火发射

与 CZ-2C/SMA 两种状态。CZ-2C/SM 用于地球同步转移轨道卫星的发射，运载能力 1.25 吨。CZ-2C/SMA 用于 600 千米太阳同步轨道卫星的发射，运载能力 1.9 吨。

 ## "长征二号丁"（CZ-2D）

"长征二号丁"运载火箭（CZ-2D）由上海航天技术研究院研制，是在"长征四号甲"运载火箭第一、二级的基础上研制的。全箭长约 41 米，有 3 种整流罩构型。其中 A 型整流罩静态包络直径为 2900 毫米，B 型为 3350 毫米，C 型为 3800 毫米。

"长征二号丁"运载火箭发射升空

"长征二号丁"运载火箭主要用于发射近地轨道有效载荷，其近地轨道运载能力约为 4 吨，起飞重量约为 250 吨。可用于发射返回式和太阳同步轨道卫星，也可以发射其他轨道卫星。

该型火箭于 1992 年 8 月 9 日首次发射，并将中国新型返回式科学试验卫星送入预定轨道。此后，又先后成功将"实践七号"卫星、"遥感四号"卫星、"悟空号"暗物质粒子探测卫星及量子科学试验卫星等多颗卫星送入预定轨道。

 5 "长征二号E"（CZ-2E）

　　"长征二号E"由中国运载火箭技术研究院抓总研制，是我国第一型捆绑式运载火箭。它是在加长型CZ-2C火箭周围捆绑了4枚2.25米直径助推器的运载火箭，全箭长49.7米，一、二子级直径3.35米，卫星整流罩最大直径4.2米，起飞重量462吨，近地轨道运载能力达到9.2吨。

　　1988年，我国和美国休斯公司草签了用"长征"火箭发射美国制造的澳大利亚通信卫星的合同，同年12月，CZ-2E火箭正式进入研制阶段。经过18个月的集智攻关，1990年7月16日，CZ-2E火箭不负众望准时起飞，发射取得圆满成功，使我国首次在助推火箭的捆绑等36项关键技术上取得突破，并对我国运载火箭进入国际市场起到了重要的推动作用。CZ-2E火箭共完成7次发射任务。目前，该型火箭已退役。

"长征二号E"

轨道类型

近地轨道（LEO）：一般轨道高度在 1000 千米以下。

地球同步轨道（GEO）：倾角为零的圆形地球同步轨道，轨道高度为 35786 千米。

地球同步转移轨道（GTO）：椭圆轨道，近地点在 1000 千米以下，远地点为地球同步轨道高度。

太阳同步轨道（SSO）：轨道平面绕地球自转轴旋转的方向与地球绕太阳公转的方向相同，旋转角速度等于地球公转的平均角速度，即 360 度每年。

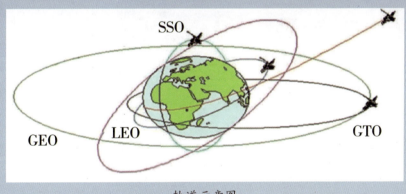

轨道示意图

6 "长征二号F"（CZ-2F）

"长征二号F"由中国运载火箭技术研究院抓总研制，它是在 CZ-2E 火箭的基础上，按照发射载人飞船的要求，以提高可靠

性、确保安全性为目标研制的运载火箭，可靠性达0.97，主要用于发射"神舟"飞船和大型目标飞行器到近地轨道。

CZ-2F火箭长58.3米，芯一、二级直径3.35米，火箭起飞重量约为480吨，可以把8.1吨的有效载荷送入近地点200千米、远地点350千米、倾角约42度的近地轨道。作为用于发射载人飞船的运载火箭，它与其他常规运载火箭最大的不同是其顶部设计了航天员逃逸装置，如果火箭在大气层内出现故障并威胁到航天员的安

"长征二号F"

全，逃逸装置可拖拽飞船迅速脱离火箭，帮助航天员脱离险境。为了满足载人航天工程发射运输飞船和目标飞行器的需求，CZ–2F 火箭分为载人和载货两种设计状态。

2003 年 10 月 15 日，CZ–2F 火箭成功将中国航天员杨利伟送入太空，使我国成为继俄罗斯、美国之后踏入载人航天领域的国家。截至 2017 年 6 月，CZ–2F 火箭共发射 13 次，全部取得圆满成功，该型火箭先后将 6 艘载人飞船、5 艘无人飞船和 2 个空间实验室送入预定轨道，共有 11 名航天员、14 人次乘坐 CZ–2F 火箭成功进入太空开展科学实验。

"长征二号 F"准备发射

7 "长征三号"（CZ-3）

"长征三号"

　　"长征三号"是由中国运载火箭技术研究院抓总研制的三级低温液体运载火箭。一、二子级由 CZ-2C 火箭改进而成，其三级采用了以液氢液氧为推进剂的具有二次启动能力的低温发动机。一、二子级直径 3.35 米，三级直径 2.25 米，整流罩直径 2.6 米或 3.0 米。CZ-3 火箭全长 44.9 米，起飞重量 205 吨，起飞推力 2962 千牛顿。CZ-3 火箭主要用于高轨道卫星发射，标准地球同步转移轨道运载能力 1.6 吨。1984 年 1 月，CZ-3 火箭首次发射，共完成 13 次发射任务。现在已退役。

8 "长征三号甲"系列（CZ-3A 系列）

　　"长征三号甲"系列（CZ-3A 系列）由中国运载火箭技术研究院抓总研制，包括 CZ-3A、CZ-3B 和 CZ-3C 共 3 种构型。该系列火箭继承了 CZ-3 火箭的成熟技术，采用了新设计的以液氢液氧为推进剂的第三级，是我国目前发射密度最高的主力火箭。截至 2017 年 9 月，CZ-3A 系列火箭共发射 80 次，成功率在世界各国同类火箭中领先。

CZ-3A

　　CZ-3A 火箭长 52.5 米，一、二子级直径 3.35 米，三子级直径 3.0 米，起飞重量约 242 吨，主要用于发射地球同步转移轨道卫星，运载能力约 2.6 吨。CZ-3A 火箭主要承担了风云气象卫星、北斗导航卫星和我国首个月球探测器"嫦娥一号"的发射任务。自 1994 年 2 月 8 日首次发射成功以来，截至 2017 年 9 月，发射成功率为 100%。

CZ-3B

　　CZ-3B 火箭是以 CZ-3A 火箭为芯级，在其一子级上捆绑了 4 枚 2.25 米直径的助推器，起飞重量约 456 吨，具有高轨道大推力运载能力。主要承担了发射地球同步转移轨道卫星的任务，也可进行一箭多星发射或其他轨道卫

"长征三号甲"

星的发射。

CZ-3B 火箭是我国发射北斗导航卫星以及国际商业卫星的主力火箭，主要承担了委星 1 号、巴星 1R、尼星 1R、W3C 等通信卫星和"嫦娥三号"月球探测器等发射任务。

CZ-3C

CZ-3C 火箭是在 CZ-3B 火箭基础上取消了两枚助推器而设计形成的，起飞重量约 367 吨，主要用于发射地球同步转移轨道卫星。2008 年 4 月 25 日，CZ-3C 火箭首飞

"长征三号乙"

成功，它主要承担了发射"天链一号"卫星、北斗导航卫星和"嫦娥二号"月球探测器等任务。

"长征三号丙"

"长征三号甲"系列（CZ-3A/CZ-3B/CZ-3C）

9 "长征四号"系列（CZ-4A/B/C）

　　"长征四号"系列是由上海航天技术研究院抓总研制的三级液体运载火箭，采用四氧化二氮和偏二甲肼作为推进剂，包括 CZ-4A、CZ-4B 和 CZ-4C 共 3 种构型。一、二子级直径 3.35 米，三子级直径 2.9 米，全长约 42 米 /48 米 /48 米，起飞重量约 249.2 吨，起飞推力 2962 千牛顿，整流罩直径涵盖 2.9 米 / 3.35 米 / 3.8 米 3 种设计状态。CZ-4C 火箭三级发动机可二次起动，主要用于发射太阳同步轨道卫星，600 千米太阳同步轨道运载能力 3.1 吨。

飞天神器
寻梦太空

1988 年 9 月 CZ–4A 火箭首次发射，1999 年 5 月 CZ–4B 火箭首次发射，2006 年 4 月 CZ–4C 火箭首次发射。截至 2017 年 6 月，CZ–4 系列火箭共发射了 51 次，成功 49 次。

"长征四号"系列

10 "长征五号"系列（CZ–5 系列）

"长征五号"系列是由中国运载火箭技术研究院抓总研制的新一代大型运载火箭，采用液氧煤油以及液氢液氧推进剂。CZ–5 系列火箭目前有 CZ–5 和 CZ–5B 两个构型。

CZ–5 火箭为两级半火箭，全箭长约 57 米，捆绑 4 个 3.35 米直径助推器，起飞重量 867 吨，起飞推力 10524 千牛顿；芯一级采用 5 米直径模块，芯二级采用 5 米直径模块，助推器采用 3.35 米直径模块，地球同步转移轨道运载能力 14 吨。

CZ–5B 火箭为一级半火箭，在 CZ–5 火箭基础上取消了二级，有效载荷支架接口直径从 3.8 米提高到 4.2 米，近地轨道运载能力 25 吨。

CZ–5 系列火箭采用全新的动力装置、大型火箭结构设计和制造技术、先进控制和数字化技术，显著提高了中国运载火箭整体水平和开发利用空间资源的能力。

2016 年 11 月 3 日，CZ–5 火箭首飞并取得圆满成功。

"长征五号"点火发射

"长征五号"发射塔架

亲爱的读者朋友，我国新一代大型运载火箭"长征五号"有着庞大的"身躯"和强大的"心脏"，还有诸多江湖称号，如"大火箭""胖火箭""胖五"和"冰箭"。下面就请它讲讲自己的"前世今生"吧。

我 的 身 世

从中国航天事业起步到现在已经60年了，我的大哥"长征一号"运载火箭是我们"长征"火箭家族的长子。这些年，我们"长征"家族越来越壮大，能力越来越强，而且我们完全是由我国科学家自主设计、制造、试验出来的。我们"长征"家族还走进了国际商业发射服务市场，帮助其他国家发射卫星。

随着世界航天事业的不断发展，主要航天强国都"诞生"了新一代大型运载火箭，我国火箭的运载能力与国外同类火箭相比还有一定差距，为了满足国家重大航天工程任

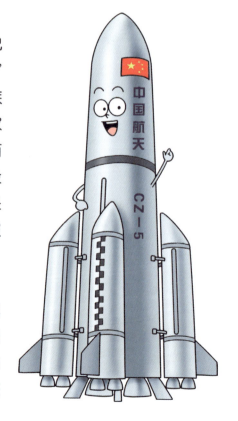

务需求，研制我国新一代大型运载火箭迫在眉睫。

2006 年，新一代运载火箭工程正式立项。我的制造者们——中国航天人历时 10 年，谱写了一曲研制新一代大型运载火箭的激昂乐章。我是新一代运载火箭中第一个立项研制的型号，按照"系列化、组合化、模块化"思想设计，采用 5 米直径箭体结构、无毒无污染的液氧煤油和液氢液氧推进系统、全新高可靠电气系统、以"新三垂"（垂直总装测试、垂直转运、垂直发射）为代表的全新测试发射模式，使火箭整体性能和总体技术达到国际先进水平，为中国航天进入更大的舞台提供了坚实基础。

我 的 体 形

如果我站立在地面上，身高约 57 米，相当于 20 层楼的高度，芯级直径达 5 米，助推器直径达 3.35 米，是目前我国已有火箭中直径最大的。除我以外，我国现役火箭芯级直径最大的只有 3.35 米。在运载能力上，我和国外现有主流大型运载火箭相当，具备近地轨道运载能力 25 吨，比我国现役火箭的运载能力提升了 2.5 倍，可以一次将 16 辆小轿车送入太空，绝对是名副其实的大力士。

千万不要小看我的芯级直径比其他火箭都要大的这个变化，这可是一个质的飞跃，而不是一个简单的放大。这个看似简单的变化，实际上从设计能力、加工制造一直到各种地面试验等方面，都对航天人提出了更高的要求。例如，想要做出我直径达 5 米的"腰"，基础的机械加工、贮箱的焊接、铆接等，都有很多技术难题需要攻克。

我的"心脏"——8 台全新研制的 120 吨级液氧煤油发动机被装配在我的 4 个助推器上，4 台全新研制的氢氧发动机在一级和二级火箭上各装配了两台。120 吨级液氧煤油发动机的推力到底有多大？我

的制造者们打了个比方，这个发动机产生的最高压强达 500 个大气压，如此大的压强足以把上海黄浦江的水抽到海拔 5000 米的高原上！

不同于目前常规火箭使用的化学燃料，我身体中流淌的"血液"是无毒、无污染的液氢、液氧和煤油。在我 800 多吨的身体里，芯级大部分是零下 252 摄氏度的液氢和零下 183 摄氏度的液氧，已经接近液态燃料的低温极限，也就是大家称我为"冰箭"的原因。

从 2006 年立项到 2016 年第一次飞行，我的诞生可谓十年磨一"箭"。据不完全统计，这 10 年中，有上万航天人参与了我的研制，进行的各类试验不下千次。为了让我能够早日一飞冲天，他们陪伴

中国运载火箭技术研究院总体设计部"长征五号"研制设计团队
2017 年被共青团中央授予"中国青年五四奖章集体"

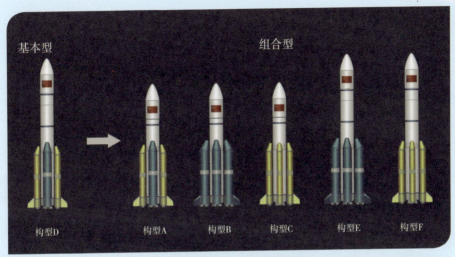

"长征五号"构型规划

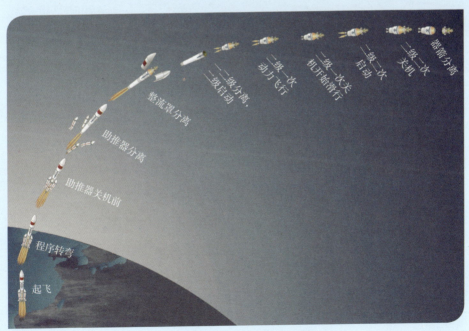

"长征五号"飞天过程示意图

飞天神器
寻梦太空

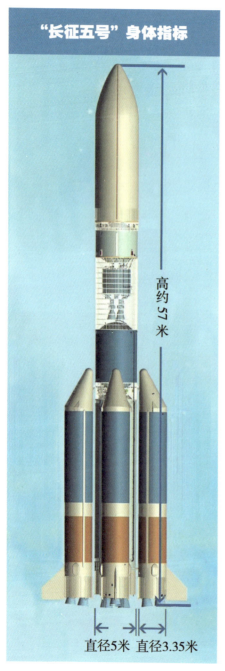

"长征五号"身体指标

高约57米

直径5米　直径3.35米

我的时间比陪伴自己家人的时间还要多，他们对我的感情也许比对自己孩子的感情还要深。所以，我一定会好好飞，出色地完成每一次任务！

我 的 使 命

我国探月工程分为"绕、落、回"三个阶段，最后一个阶段是从月球上采集月岩标本返回地球，完成这一任务需要强大的运载能力，我自然当仁不让。空间站工程的核心舱和实验舱，每一个都约是20吨重，重量如此之大，只能靠我托举它们上天。后续，我国还有北斗二代导航二期工程、火星探测等国家重大工程任务需要完成，这些都离不开高性能、高可靠性的运载工具，这个主角非我莫属。

未来，我将是中国进一步探索太空的重器。让航天人在太空探索的道路上走得更远，是我光荣而艰巨的使命！

11 "长征六号"（CZ-6）

"长征六号"是由上海航天技术研究院抓总研制的新一代小型运载火箭。CZ-6 火箭为三级构型火箭，全箭总长约 30.6 米，起飞重量 102 吨，起飞推力 1188 千牛顿，700 千米太阳同步轨道的运载能力为 500 ～ 1000 千克。

2015 年 9 月 20 日，我国新型运载火箭"长征六号"在太原卫星发射中心点火发射，成功将 20 颗微小卫星送入太空。这不仅标志着我国"长征"系列运载火箭家族再添新成员，还创造了中国航天"一箭多星"发射的新纪录。你一定很好奇"长征六号""新"在哪里，这么多卫星是怎么一起上天的吧？下面请火箭"新秀"——"长征六号"（小名"长六"）为你讲解。

"新秀""长六"

在这次完美的冲天之旅中，我的"心脏"——发动机可是立下了汗马功劳。科学家们在我身上安放了液氧煤油发动机，它是我国最新研制的发动机。火箭点火后，煤油与液氧混合燃烧，就像蜡烛在空气中燃烧一样，燃烧后的产物也几乎都是一样的，就是二氧化碳

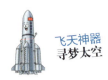

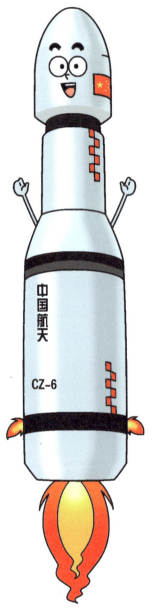

和水。因此，液氧煤油发动机的使用，使我国火箭动力实现了绿色、无毒、无污染。

发动机是闪光点，发射前的准备也有亮点。以往，我的兄弟前往发射场，大多是分段运输，然后在发射场的塔架上完成组装测试。这一次，我在入场前就已经完成了组装。同时，20 颗可爱的微小卫星也被塞入了我的身体。

码放卫星有讲究

这次发射的 20 个卫星"孩子"，来自 6 个不同的研制"家庭"，有来自国防科技大学的，有来自哈尔滨工业大学的，有来自浙江大学的，还有来自清华大学的，它们高矮胖瘦各不相同。要妥妥地安放下它们，对我来说是一个不小的考验。

经过精心设计，20 颗卫星被分成 3 层，像金字塔般分层排列。最底层安放了 5 颗主星，其中 2 颗又各抱了 2 颗子星；中间层有 4 颗主星，其中 1 颗抱着 5 颗子星；最上面一层则是 1 颗主星抱着 1 颗子星。数清楚了吗？20 颗，1 颗也不少！

把卫星码放好了，它们就跟着我进入了太空。这些卫星要分 4 次释放，每次释放只间隔几十秒。"麻辣"的问题又来了——要如何确保它们不会相互碰撞呢？

避免相撞

通常，用一枚火箭发射多颗卫星，按卫星入轨模式可分为两种方式：一是把一批卫星送入基本相同的轨道，当火箭抵达预定轨道后，把所有的卫星像天女散花一样释放出去；二是把多颗卫星分别送入不同的轨道。

"长征六号"适配器和卫星分配器上安装了20颗卫星

我此次采取的是第一种方式，但说是"天女散花"，其实也是经过科学计算和反复试验的。具体来说，就是先把10颗主星从上往下依次释放，其中第三层的5颗主星分两次释放，另外10颗子星再择机释放。别看我带上天的"孩子"多，但我非常灵巧，可以精确调整姿势、控制轨道。把小家伙们送入太空轨道后，我还能迅速飞走，从而有效保证了卫星和火箭之间，以及卫星与卫星之间的安全距离。

"长征六号"一飞冲天

当你了解了这些后，是否对航天更加充满向往，也更跃跃欲试呢？事实上，这些微小卫星有些就是在校学生设计和制造的。期待不久的将来，我也能够带着你设计的卫星遨游太空！

12 "长征七号"（CZ-7）

"长征七号"是由中国运载火箭技术研究院抓总研制的新一代中型运载火箭，采用无毒、无污染的液氧煤油推进剂，具备近地轨道 13.5 吨、700 千米太阳同步轨道 5.5 吨的运载能力。该型火箭近地轨道运载能力提高了很多，达到了国际先进水平。此外，全部设计工作实现数字化，有效减少了产品报废概率，并缩短了研制流程。

CZ-7 火箭主要用于发射近地轨道或太阳同步轨道有效载荷，承担载人航天货运飞船等发射任务，未来也可以承担商业航天和国内其他航天器的发射任务。

2016 年 6 月 25 日，CZ-7 火箭在首次启用的第四大发射场文昌航天发射中心首飞成功，将一个新型飞船及其他有效载荷成功送入太空。2017 年 4 月 20 日，CZ-7 火箭再次起飞，成功将我国首个货运飞船送入预定轨道。作为我国新一代中型运载火箭的基本型号，CZ-7 火箭肩负着我国运载火箭更新换代的重任。

亲爱的读者朋友，未来，"长征七号"将承担我国主要发射任务，它有运载能力大幅提升等优点。你知道"长征七号"为什么拥有这样的本领吗？下面，就请"长征七号"来告诉你吧。

"长征七号"进行转场

我 的 身 世

早在 1992 年 9 月 21 日，国家就审议通过了实施载人航天工程的计划，提出了运送 20 吨级空间站的需求，推动了我们新一代运载火箭"家族"的研制。

为了确保我国空间站能够长期在太空中稳定运行，满足太空货运需求，并减少年度任务总数，就要求运载火箭低轨道运载能力达到 13 吨级、一次发射上行货物达到 5 吨以上，对我的那些火箭兄长来说，这可有些吃不消。我就是在这种需求的背景下被研制出来的新一代中型运载火箭。

安排我发射货运飞船，是载人航天工程空间实验室阶段的关键验证项目，也是空间站工程顺利实施的重要基础。另外，按照我国运载火箭的型谱规划，我将作为我国新一代中型运载火箭的基本型，科研人员会以我为基础，研制能够满足多种运载需求的中型火箭，更好地承担国内外主流卫星的发射任务。可见我的研制意义重大，未来，我的发展空间还很广阔。

新发射场的优势

2016 年 6 月 25 日的那次飞行不仅是我的首次亮相，同时也是位于海南省的文昌卫星发射中心的首次亮相。相比我国其他 3 个卫星发射中心（酒泉卫星发射中心、西昌卫星发射中心和太原卫星发射中心），文昌卫星发射中心具有三大优势：

第一，海南省是我国纬度最低、距离赤道最近的省。火箭发射场距离赤道越近、纬度越低，发射卫星时就越容易利用地球旋转产生的离心力，以更小的能耗实现卫星入轨。另外，使用同等剂量的燃料时，火箭可以达到的飞行速度也更快。

第二，我们火箭兄弟发射时也更安全。文昌卫星发射中心靠海，按照发射程序，火箭第一级充分燃烧后，残骸将坠落于我国南海，因此可以避免对居民人身安全造成威胁，也可以避免损坏地面建筑设施。

第三，我们的旅行更舒服。文昌卫星发射中心位于海南岛东北部，有风景优美的海岸线和优良港口，因此文昌卫星发射中心所使用的火箭都是通过海运抵达的，解决了以往因为我们太大、太重带来的运输难题。在所有火箭兄弟中，我是第一个由海路运往发射场的，同时也是第一次实现整体运输的。

文昌发射中心火箭
总装测试厂房

13 "长征十一号"（CZ-11）

　　"长征十一号"是由中国运载火箭技术研究院抓总研制的四级固体运载火箭，主要用于发射近地轨道和太阳同步轨道有效载荷。CZ-11 火箭全长约 20.8 米，最大箭体直径 2 米，重量约 58 吨。700 千米太阳同步轨道的运载能力 420 千克。

　　2015 年 9 月 25 日，我国新型运载火箭——"长征十一号"在酒泉卫星发射中心点火发射，成功将 4 颗小卫星送入太空。这标志着我国又一款新型火箭首飞成功并投入使用，这也是我国首次实现固体运载火箭"一箭多星"发射，意味着未来我国能在 24 小时内实现卫星快速发射。

　　亲爱的读者朋友，首飞成功的"长征十一号"具有划时代意义，被称为"快箭"。你想知道为什么吗？下面就请"长十一"来告诉你吧。

固体与液体

我所有的兄长都是液体火箭，唯独我是固体火箭。称我们是固体或液体火箭，是指我们的"心脏"——发动机采用的是固体发动机，还是液体发动机。液体发动机系统构成复杂，工作时需要增压输送系统等其他系统配合。而固体发动机结构组成相对简单，具有操作简便、贮存期长等特点。液体火箭的优势在于运载能力强，但是由于燃料加注时间较长，从测试到完成发射整个流程需要一个月左右。固体运载火箭虽然运载能力相对液体运载火箭较小，但其最大的优势在于燃料被提前固化在火箭内，接到发射指令后，从测试到完成发射仅需一天，从而可以很好地完成自然灾害和突发事件后的应急通信及遥感观测等任务，对于民用减灾和应急处置等具有重要意义。

快速、灵活、商业化

相比于火箭家族的其他兄长，我具有可整体贮存、操作简便、发射成本低、发射周期短的特点，最大的优势是"快速、便捷、灵活"。以抗震救灾为例，我可以在 24 小时之内将小卫星成功运送至灾区上空，对受灾情况进行快速勘察并获取最新信息。当前，液体运载火箭在短时间内无法完成这种快速反应。

近几年，随着商业航天逐渐升温，全球小卫星发展迅猛，但受大卫星运载能力、目标轨道、火箭研制周期等因素限制，小卫星"蹭车"的机会越来越少，导致排队等待进入太空的小卫星越来越多。而我身上采用了国际通用的星箭接口，可满足不同任务载荷、不同轨道的多样化发射需求。

现在，我已经开始接受商业小卫星的发射服务订单了，也在按

计划推出"太空班车"、"太空专车"、和"太空顺风车"等多样化快捷服务，为我国商业航天发展贡献自己的力量。

首次飞行发射的卫星

我首飞搭载了 4 颗微小卫星，它们个个都身怀绝技。1 颗是"浦江一号"；另 3 颗是"上科大二号"立方体试验卫星。

值得一提的是，"浦江一号"是我国首次使用 3D 打印技术的卫星，其天线支架就是采用钛合金材料 3D 打印成型的。这满足了快速研制卫星、降低成本的需求。原来生产一个支架需要 4 个月，采用 3D 打印技术仅需要 3 天。

WiFi 是目前应用最为普及的一种短程无线传输技术，而"浦江一号"创造性地将这一技术引入航天领域，通过无线传输技术互联，将航天器上的传感器组成一个"互联网"。

"上科大二号"由 3 颗卫星组成，它们的大小和重量同家用小型打印机差不多。这 3 颗卫星均搭载自组网通信机，利用 3 颗星可建立空间最小网络，实现立方星（国际上广泛用于大学开展航天科学研究与教育的一种小卫星）级别的星间通信组网。

航天技术的发展正如我的步伐一样越来越快，航天家族成员也越来越多。我一直处于待命状态，如果有需要，我可以随时为祖国一飞冲天。

"长征十一号"发射升空

第三章
中国的航天飞行器

 "东方红一号"

　　2016 年 4 月 24 日是首个"中国航天日"，这是因为 1970 年的 4 月 24 日，"长征一号"运载火箭搭载我国首颗人造卫星"东方红一号"发射成功，从此拉开了中国探索宇宙奥秘的序幕。下面，我们就一起来了解一些有关"东方红一号"的故事吧——

代号"581"

　　故事要从 20 世纪 50 年代讲起。1957 年 10 月，苏联成功发射了世界上第一颗人造卫星，引起全世界的关注。1958 年 10 月，在中国

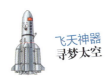

科学院，成立了一个代号为"581"的小组，"581"意为1958年的第一号重大任务。这个任务到底是什么呢？就是研制中国第一颗人造卫星。这个小组的组长就是著名科学家钱学森。

取名"东方红一号"

"东方红，太阳升……"你听过这首歌吗？1967年，我国正式将第一颗人造卫星命名为"东方红一号"，并决定用"长征一号"运载火箭来发射它，发射时间定为1970年。

在那个年代，我国的物质资源极度匮乏，科学技术水平严重落后，研制卫星的条件非常艰苦——没有计算机，只能用手摇计算器甚至算盘来计算；没有燃料加压设备，就用自行车打气筒将推进剂压入贮箱中；控制火箭分离的定时装置，是用一个小台钟改装的；火箭点火装置是将手电筒的小灯泡敲碎，取出灯丝裹上硝化棉制成的；发动机测试室是用厕所改建的……但这些困难都没有阻挡住科学家们探索科学的脚步，各项研制计划都在稳步实施。

爬上"火药桶"

一切准备就绪，时间到了1970年"东方红一号"发射前。4月24日18点30分左右，一名值守在运载火箭旁的战士，听到了一串骨骨碌碌的声音，好像是火箭上的一个小东西掉了下来。经过仔细寻找，他终于发现掉下来的原来是一个弹簧垫圈，直径有8毫米。

一个小小的物件，就可能导致整个工程任务的失败。而这个弹簧垫圈到底是多余物，还是从设备上脱落下来的？会不会还有其他多余物？科研人员韩厚健等人决定立即爬上临时架设的工作梯，开始对火箭进行再次检查。

当时，火箭燃料已经加注完毕，处于待发状态。这时的火箭就像一个"火药桶"，一丁点火花儿、一个微小的撞击、一个小小的失误，都有可能造成难以想象的后果。"塔架上安静极了，我上梯子都能听见自己的心跳声。"韩厚健事后回忆说。

因为只有气瓶装置使用了直径8毫米的弹簧垫圈，科研人员决定直接对它们进行检查。可是，打开舱门一看，每个气瓶组上的弹簧垫圈都完好无损，也没有缺失。再次耐心细致地检查后，大家一致认为弹簧垫圈是一个多余物，不会对火箭发射造成影响。

当他们排除隐患时，距离发射时间只有2小时30分钟了。21时35分，"长征一号"运载火箭准时腾空而起，我国第一颗人造卫星"东方红一号"成功发射升空。

依旧在太空遨游

从"东方红一号"发射成功开始，我国航天科技工作者先后取得了以"两弹一星"、载人航天、探月工程为标志的辉煌成就，并形成了以航天传统精神、"两弹一星"精神、"载人航天"精神为核心的

航天传统精神
自力更生、艰苦奋斗、大力协同、无私奉献、严谨务实、勇于攀登

"两弹一星"精神
热爱祖国、无私奉献、自力更生、艰苦奋斗、大力协同、勇于登攀

载人航天精神
特别能吃苦、特别能战斗、特别能攻关、特别能奉献

航天"三大精神"

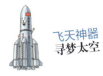
航天精神，在空间技术、空间应用、空间科学三大领域实现了快速发展。目前，我国卫星研制与发射能力已步入世界先进行列，在轨稳定运行的卫星有 140 余颗。

"东方红一号"

　　如今，"东方红一号"早已完成了历史使命，但我们仍然可以通过高倍望远镜看到它在太空中的身影。

2 "神舟"飞船

　　"神舟十一号"飞船于 2016 年 10 月 17 日在酒泉卫星发射中心由"长征二号 F"运载火箭发射升空，与 9 月 15 日发射成功的"天宫二号"空间实验室进行交会对接，并形成组合体飞行 30 天，这是我国迄今为止在轨时间最长的一次载人飞行试验。你想知道"神舟十一号"飞船长什么样，承担着什么任务和使命吗？下面就请它自己来告诉你吧。

"长征二号F"运载火箭
正在进行总装测试

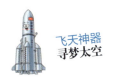

"神舟"飞船抵达发射场

"神箭"发射升空

我 的 长 相

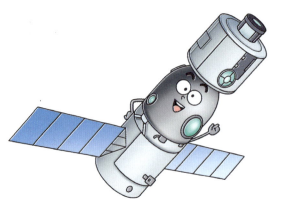

我是中国"神舟"系列飞船的第十一个，你可以叫我的小名"神十一"。我和哥哥们的身形一样，都是三舱结构，分别由轨道舱、返回舱和推进舱组成。

我的最前端是轨道舱，也称太空舱，是我进入轨道后供航天员工作、生活的场所。它里面除了备有食物、饮水和大小便收集器等生活装置外，还有为航天员开展空间应用和科学试验所准备的各类仪器设备。轨道舱的前端是自动式对接机构，具备与空间实验室实现自动和手动交会对接与分离的功能。

中段是返回舱，又称座舱，是航天员的"驾驶室"，也是航天员往返于地球和太空时乘坐的舱段。我国每一位航天员都是乘坐它安全返回地面的。

最后端是推进舱，又叫仪器舱，呈圆柱形，主要承担推进任务，通过燃烧推进剂让发动机工作，为整个飞船提供姿态调整、轨道机动以及制动减速所需的动力。

我的身高是9米，相当于3层楼的高度，身体最大直径2.8米，起飞重量8吨，相当于5辆小汽车的重量。虽然我们"神舟"兄弟长相都一样，但每一次飞行，在我们的身体里都会安装一些为此次任务而特别研制的新设备，从而为开展不同类型的实验提供保障。我发射升空后，很快就与"天宫二号"空间实验室对接，成为一座小型空间站，为建立我国长期有人值守的空间站做好了准备。

我 的 使 命

"长征二号F"火箭将我送入地球轨道后，我通过不断变轨，实现了与"天宫二号"的交会对接，并构成组合体，航天员就可以从我的身体里进入"天宫二号"开展各项实验。按照计划，我与"天宫二号"组合飞行30天，然后带着航天员返回内蒙古四子王旗的主着陆场。

我此次的主要任务是为"天宫二号"在轨运营提供人员和物资天地往返运输服务；进一步考核载人天地往返运输系统的功能和性能，特别是空间站运行轨道的交会对接技术；与"天宫二号"空间实验室对接后完成航天员中期驻留试验，考核组合体对航天员生活、工作和健康的保障能力，以及航天员执行飞行任务的能力。

我 的 乘 客

在我"神七"哥哥、"神九"哥哥和"神十"哥哥承担的3次载人航天任务中，都是将3名航天员送上了太空，也就是说，我应该

可以容纳 3 名航天员执行任务，但是这次为什么减少了乘员人数呢？这是为了有效延长航天员在太空驻留的时间，通过减少人数，从而提高安全保障能力。而我此次任务的主要目的，就是要开展航天员在太

空中期驻留试验，因此将考核航天员驻留时间作为了此次任务的重要目的。虽然我和"天宫二号"兄弟的生命保障系统并非可再生式，但当我国空间站正式建成后，将采用可再生生命保障系统，届时航天员就能够长期驻守空间站了。

3 "天宫一号"目标飞行器

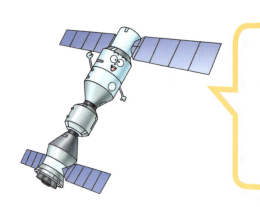

亲爱的读者朋友，我是"天宫一号"。我是 2011 年 9 月 29 日进入太空的，来看看我的太空之旅吧——

奔赴太空

我还清晰地记得自己奔赴太空时的情形。那天，伴随着指令声："3，2，1，点火！""长征二号 F"运载火箭一边发出轰隆隆的巨响，一边将我托举升空。不到 10 分钟，我就顺利进入了预定的环绕地球飞行轨道。

根据国家载人航天工程进度安排，到 2020 年左右，我国将在太空中建造咱们中国自己的空间站。而我作为目标飞行器，实际上就是一个空间实验室的雏形，我的主要工作是完成和飞船的交会对接，为航天员在太空中提供一个舒适的"家"。

我算是一个小胖子吧，身体为短粗的圆柱形，前后各有一个对接口。简单地说，我的身体由两部分组成，分别为实验舱和资源舱。实验舱是航天员工作、训练及生活的地方。航天员们为了保持骨骼强健，每天要在这里锻炼身体。资源舱主要提供动力和能源。2013 年 6 月，女航天员王亚平就是在实验舱内，为全国的中小学生进行了太空授课，其中包括演示陀螺实验。其实，在资源舱里还有 6 个陀螺呢，它们的学名叫"控制力矩陀螺"，可以精确地控制我在太空中的姿态。

读者朋友们，你们知道我身体里数量最多的设备是什么吗？那就是手脚限位器，总共有 30 多个呢。它们被安放在我身体的不同位置，是保证航天员在失重飘移状态下能够手脚用力的法宝。还记得吗？航天员王亚平在太空授课时，一直稳稳地站在那里，并不像以往的航天员那样，在飞船里飘来飘去，这就是手脚限位器的功劳。

我国首次太空授课的电视画面

完 成 使 命

自 2011 年 9 月 29 日开启太空旅行之后，我在天上迎来了一个个"神舟"飞船小伙伴和一个个可爱的航天员。

我分别与"神舟八号"、"神舟九号"和"神舟十号"交会对接过。交会对接是个难度极高、充满危险的过程。想象一下，在茫茫太空中，两个七八吨重的飞行器，以比子弹出膛的速度还快数倍的速度飞行，要完成无缝对接，难度好比在百米接力跑交接棒时穿针引线。稍有偏差，就可能会错过或相撞。让大家放心的是，我们每次都成功完成了交会对接。

到 2016 年，我已超期"服役"两年多了，除了按计划完成各项任务，又开展了多项试验，获取了大量有价值的数据，为未来空间站的建设运营以及载人航天成果的应用推广积累了宝贵经验。但是，我的功能已经越来越差，所以2016年3月21日，我正式"退休"了，不再提供数据服务，但我仍将在轨道上继续飞行一段时间。

4 "天宫二号"空间实验室

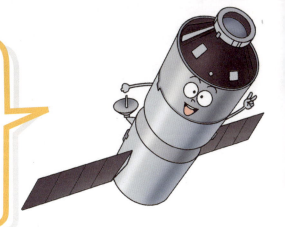

亲爱的读者朋友，我是"天宫二号"空间实验室，我已接替大哥"天宫一号"到太空长期站岗值班。想知道我与大哥有什么不同，带了什么"神器"到太空吗？下面我就一一讲给你们听。

我 的 身 世

我和大哥"天宫一号"其实是双胞胎，最初我被设计为它的备份和替补。由于大哥任务完成得很理想，于是科学家们决定根据新任务的需要对我进行改装。我的身高、体重和外形与大哥的基本一致，所以就像大多数双胞胎一样难以区分。

不过，我和大哥的装备是有所不同的，由于我需要承担更多更复杂的任务，所以我的装备更豪华、载荷更高、身体内的环境更好。例如，在我的身体内部装载了全新配套的空间应用系统，无论配套设备数量还是安装复杂程度，均创造了历次载人航天器任务之最。我的身上还配置了多种实验装置，国际首个专用的"高灵敏度伽马射线暴偏振测量仪器"就是其中之一。

此外，航天器设计师在"孕育"我时，系统设计是模块化的，就像大家小时候玩的积木一样，也就是说，我身上出现问题时可以快速更换部件和在轨维修，这在国内空间领域属于首创。让我自豪的还有一件事，那就是我拥有"手臂"，它很能干，力气也大，因为它是一个机械臂，可以帮助航天员进行舱外搬运和维修。

未来5年内，我国计划要建成的基本型空间站，大致包括一个核心舱、一艘货运飞船、一艘载人飞船和两个用于实验等用途的其他舱，总重量在100吨以下。其中的核心舱需长期有人驻守，能与各种实验舱、载人飞船和货运飞船对接。只有具备20吨以上运载能力的火箭，才有能力发射这个核心舱。

我 的 使 命

我的大哥"天宫一号"是空间实验室的特例，主要是为了验证两个空间飞行器在太空中交会对接的技术，而我完全是小型空间实验室，科学家、航天员可以在我身体里开展各种工作和实验。

需要说明的是，我可是我国最忙碌的空间实验室，各类计划的实验项目达到了史无前例的14项，涉及微重力基础物理、空间材料

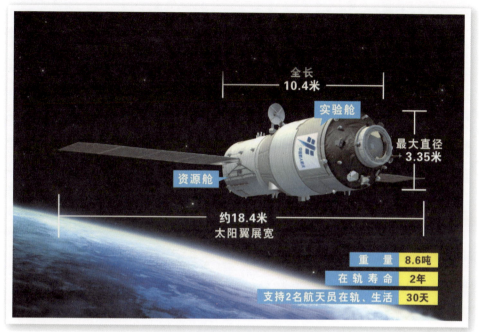

"天宫二号"空间实验室结构图

科学、空间生命科学等多个领域，其中两项由驻留 30 天的航天员直接参与操作，并且有一项为国际合作项目。这些实验大多是当今世界最前沿的探索领域。

　　比如，我搭载了全球第一台冷原子钟进入太空，并进行了相关实验。利用太空微重力条件，这台冷原子钟具有极高的稳定度，能大幅提高各类授时系统的精度。

　　还有，我尝试从太空分发量子密钥。密钥分发是实现"无条件"安全的量子通信的关键步骤。量子是微观物理世界里不可分割的基本个体，由于作为信息载体的单光子具有不可分割、量子状态不可克隆等特性，因此密钥分发可以抵御任何形式的窃听，进而保证其加密的内容不可破译。从原理上来说，这种通信方式是当前认知条

件下最为安全的。

2017年9月，全长2000多千米的连接北京与上海的大尺度光纤量子通信骨干网已经具备开通条件。此外，由我国自主研制的全球首颗量子科学实验卫星也已经发射。一个天地一体化的量子通信网络的雏形初步形成。在这个过程中，我扮演的是量子卫星中转站的角色，实现远距离量子通信，让信息在地面城市与太空之间实现"无条件"的安全传输。

我 的 伙 伴

当我在太空执行任务时，我的伙伴们也会不断造访我，一个是你们非常熟悉的"神舟"载人飞船；另一个是2017年4月首飞的"天舟"货运飞船。我在轨运行期间，将由"神舟"载人飞船提供乘员运输，由"天舟"货运飞船提供补给。

"天舟"货运飞船是载人空间站工程的重要组成部分，它是在充分继承"天宫一号"目标飞行器和载人飞船技术的基础上研制而成的，主要任务是为载人空间站运输货物和补加推进剂，并将空间站的废弃物带回地面。

"天舟"货运飞船由大直径的货物舱和小直径的推进舱组成。货物舱用于装载货物，推进舱为整个飞船提供动力。推进舱两侧都有太阳能帆板。

5 "嫦娥"月球探测器

2013年12月2日1时30分，我国在西昌卫星发射中心成功将"嫦娥三号"月球探测器送入预定轨道，该探测器由着陆器和巡视器构成。13天后，着陆器与巡视器成功分离。巡视器，就是我们所熟知的"玉兔号"月球车，顺利驶抵月球表面。按照原设计，"玉兔号"月球车的寿命是3个月。但自从在月球表面软着陆以来，月球车的实际工作时间远远超出设想。直到2016年8月，"玉兔号"月球车才正式"退役"，但着陆器至今依然在工作，并持续向地面发回科学数据。

"嫦娥三号"执行的是中国探月工程"绕、落、回"中的第二步任务；第三期工程将由后续的"嫦娥五号"完成。接下来就为大家解读"嫦娥"家族的新使命。

2004年，中国正式启动月球探测工程，并命名为"嫦娥工程"。这个名字既蕴涵着我国古老的嫦娥奔月的传说，也代表着中国人对探索遥远月球的无尽向往。目前，已经发射了"嫦娥一号"、"嫦娥

"二号"和"嫦娥三号"。"嫦娥一号"完成了我国探测器首次奔月，"嫦娥二号"是"嫦娥一号"的备份星，属于探月一期工程，但它完成了更多科学实验任务。

"嫦娥三号"的任务是我国探月工程"绕、落、回"三步走中的第二步，也是承前启后的关键一步，它是我国首次在地外天体软着陆（通过减速使航天器在接触陆地表面瞬时的垂直速度降低到最小值，从而实现安全着陆的技术）的航天器。按照规划，后续将发射"嫦娥四号"探测器，并实现区域软着陆及采样返回；发射"嫦娥四号"探测器，实现人类探测器在月球背面首次软着陆，并开展原位和巡视探测等工作。未来，我国还计划于2020年左右发射"嫦娥六号"等月球探测器，实现月球极区采样返回。

"嫦娥五号"将是我国首个实施无人月面取样返回的航天器，也是探月工程中最关键的探测器。"嫦娥六号"同样会进行采样返回，但更加令人期待的是，它将面向月球极地区域开展实验。

"嫦娥五号"采样返回显身手

"嫦娥五号"月球探测器包括轨道器、返回器、上升器、着陆器4个部分。到达月球轨道后，轨道器和返回器绕月飞行，着陆器和上升器在月面降落。着陆器将用其所搭载的采样装置在月球表面进行采样，并将样品装入上升器所携带的容器里。

随后上升器从月球表面起飞，与轨道器、返回器组成的组合体进行交会对接，将采集的样品转移到返回器后，再与组合体分离。轨道器、返回器组合体飞向地球，在距离地面几千千米时，轨道器和返回器将会分离，最后仅有返回器返回地面。

"嫦娥五号"重约8.2吨，这么大的体重和这么远的飞行距离，只能由我国目前推力最大的"长征五号"运载火箭发射。此次任务有望实现我国开展航天活动以来的4个"首次"：首次在月球表面自动采样；首次从月球表面起飞；首次在距离地球表面38万千米的月球轨道上进行无人交会对接；首次携带月壤

"嫦娥五号"想象图

以接近第二宇宙速度（11.2千米每秒）的速度返回地球。

　　卫星的轨道高度一般距地面350千米，以往我国卫星再入返回时，都是以低于第一宇宙速度（7.9千米每秒）的速度再入大气层下落的。而月球距离地球有38万千米远，返回舱再入大气层之前的飞行速度是相当快的，甚至会超过第二宇宙速度。考虑到此次任务的

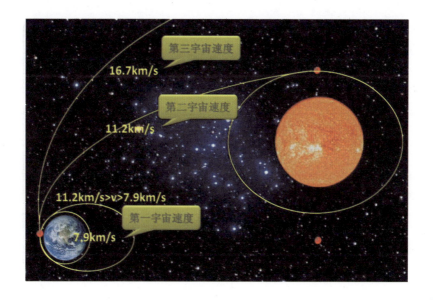

第三宇宙速度
16.7km/s

第二宇宙速度
11.2km/s

11.2km/s>v>7.9km/s
第一宇宙速度
7.9km/s

重要性，返回舱再入大气层的速度必须降到第二宇宙速度以下。即使这样，返回舱再入大气层的速度也比一般卫星返回时的更快，它与大气摩擦的程度也会比卫星返回时更剧烈，返回舱表面温度也就会比卫星返回时的更高，因此，想要返回舱成功返回地面，就需要相当复杂的控制系统和材料保障。

虽然此次飞行风险很大，不过科学家们早有准备，我国在 2014 年发射的"嫦娥五号飞行试验器"，就是为了寻找有效解决这个问题的方法。

知识链接

宇宙速度

第一宇宙速度：指物体在地面附近绕地球做匀速圆周运动的速度，数值为 7.9 千米每秒

第二宇宙速度：当物体飞行速度达到 11.2 千米每秒时，就可以摆脱地球引力的束缚，飞离地球进入环绕太阳运行的轨道，不再绕地球运行。

第三宇宙速度：当物体的飞行速度达到 16.7 千米每秒时，就可以摆脱太阳引力的束缚，脱离太阳系进入更广袤的宇宙空间。

掀起"嫦娥四号"的神秘面纱

"嫦娥四号"登月探测器，简称"四号星"，是"嫦娥三号"的备份星。原计划在月球表面降落，继续开展更深层次的月球探测，了解掌握月球资源等方面的信息，但这些任务"嫦娥三号"都已经

圆满完成了，所以"嫦娥四号"可能会进行适应性改装。目前，"嫦娥四号"的任务已经由探月工程重大专项领导小组审议通过并开始实施。

"嫦娥四号"将实现月球背面软着陆并继续开展巡视探测任务。此次发射将选用"长征三号乙"运载火箭。在科学研究方面，"嫦娥四号"将对月球背面的环境进行研究；对月球背面的表面、浅深层、深层进行研究；最大的特色是在月球背面不受太阳的影响，可以在月球背面和中继星上分别装上低频射电探测仪，月球背面是低频射电探测的绝佳场所，这样的频段选择也是世界首次。

月球背面之所以显得神秘，原因在于我们无法从地球上直接观测到那里。由于月球总是一个面冲着地球，只有月盘边缘区域有时候会露出一点点侧背，所以总体上从地球可以观测到整个月球表面的59%。迄今为止，还没有航天器登陆过月球背面。

对天文学研究而言，月球背面是一片难得的宁静之地。接收遥远天体发出的射电辐射，是研究天体（包括太阳、行星及太阳系外天体）的重要手段，称为射电观测。由于这些天体的距离遥远，电磁信号十分微弱，在地球上，日常生产生活的电磁环境就会对射电天文观测产生明显干扰。所以各国天文学家一直希望找到一片完全宁静的地区，监听来自宇宙深处的微弱电磁信号。月球背面屏蔽了来自地球的各种无线电干扰信号，因而可以监测到地面和地球附近的太空无法分辨的电磁信号，为研究恒星起源和星云演化提供重要的数据支撑。

除此之外，月球背面更为古老，保留着更为原始的状态，具有不同于月球正面的地质构造，对研究月球和地球的早期历史具有重要价值。而地球上经历了多次沧海桑田，早期地质历史的痕迹早已

消失殆尽，我们只能寄希望于从月球上仍保存完好的地质记录中挖掘地球的早期历史。

"嫦娥六号"勇闯极区

月球的南北极区由于特殊的地理位置导致了特殊的地理环境，那里存在大面积的永久阴影区，国内外有学者猜测那里有可能存在冰冻形态的水，因此那里一直备受国内外学者的重视，都希望有机会对那里进行探测。但是特殊的地理位置使得科学家对月球极区的探测更具挑战性。

"嫦娥一号"探测器曾携带高科技的立体相机，拍摄了目前覆盖最全、图像质量最好、定位精度最高的全月球影像，而针对月球两极地区也有细致的拍摄，让人们对那里的地理地貌有了进一步的

月亮极区图

了解。美国的"月球勘探者号"无人驾驶探测器也对月球两级地区进行过探测，从发回的初步数据看，月球上存在水的可能性很大，这些水在月球上是以冰冻形式存在的。科学家指出，水分子或许并不完全集中在月球极地的冰层中，也可能存在于许多该区域由陨石撞击留下的陨石坑内。

月球还有很多其他未解之谜，"嫦娥六号"等"嫦娥"家族成员后续探测任务依然繁重，但也让我们充满期待。同时，月球探测是我国由航天大国向航天强国迈进的标志性和带动性工程。让我们共同期待"嫦娥"家族的一次次成功！读者朋友，也衷心欢迎你加入到探索月球的团队中来！

6 "悟空号"暗物质粒子探测卫星

在现代天文学界和物理学界，有一个被科学家称为"世纪之谜"的难题，这便是寻找暗物质。我国已经在2015年12月发射了"悟空号"暗物质粒子探测卫星，去太空追寻暗物质。到底什么是暗物质？这个暗物质粒子探测卫星长什么样？请接着往下看。

什么是暗物质？

我们通常观测到的普通物质，只占宇宙质量的 5%，它们组成了包括银河系、太阳和地球在内的星系、恒星及行星等发光和反光的物质，而其余的 95% 是看不见的暗物质和暗能量。那么，什么是暗物质呢？

所谓暗物质，是一种不发光、不发出电磁波、也无法用任何光学或电磁观测设备直接"看"到的物质。既然暗物质"看"不到，那科学家是怎么知道它存在的呢？

现代天文学家对那些来自遥远星系的光线进行了研究，结果发现，这些光线在飞向地球的过程中，发生了畸变和散射现象。在经过多次计算后，科学家们得出结论：光线飞向地球的过程中，一定受到了一个质量巨大但无法被我们看到的天体的影响，这一未知天体就是一个异常巨大的暗物质团。

追寻暗物质

为了进一步追寻暗物质的踪迹，中国科学家提出了研制"暗物质粒子探测卫星"的计划。

在茫茫宇宙中寻找暗物质决非易事，传统方法是用大型探测器进行探测。如诺贝尔奖获得者、美籍华裔科学家丁肇中研制的探测器，安装于国际空间站上，重达 7 吨。我国科学家通过精巧设计，使暗物质粒子探测卫星——"悟空号"有效减重到不足 2 吨，而且减小了体积，从而大大节省了发射成本。

在暗物质粒子探测卫星上，装备着我国自主研制的暗物质探测器——"天眼"，它具有 4 层结构。在电子探测方面，"天眼"的效能是欧洲同类探测器的 50 倍；在宇宙射线探测等方面，它的灵敏度和探测能力都远高于国外同类探测器。

有人会问，追寻暗物质有什么意义呢？科学家普遍认为，暗物质促成了宇宙结构的形成。如果没有暗物质，就不会在宇宙中形成星系，更谈不上人类的诞生了。所以，找到暗物质对揭开宇宙起源之谜有着重大意义。

进入太空以后，"悟空号"暗物质粒子探测卫星将至少勤勤恳恳工作 3 年。请大家一起期待它传回的消息吧！

"悟空号"上的探测器分 4 层，它就像一个大蛋糕，这 4 层联合执行探测任务

第四章
中国航天先辈

 航天之父，科技楷模——钱学森

钱学森，1911 年生于上海，1934 年在上海交通大学毕业后，于次年赴美留学，先后在美国麻省理工学院和加利福尼亚理工学院求学，1939 年获博士学位。

人民科学家

"我作为一名中国的科技工作者，活着的目的就是为人民服务。"钱学森用他的一生实践着这个平凡而伟大的信念。热爱自己的祖国，热爱她的语言、土地和人民，这是钱学森 90 多年风雨岁月矢志不渝

毛主席宴请钱学森等科学家

的赤子情怀。

1911 年 12 月 11 日，辛亥革命爆发两个月后，钱学森在上海出生，民族危难成了他人生最初的记忆。为了救国，中学毕业的钱学森和当时许多有志青年一样，选择工科作为求学的方向。1934 年夏，23 岁的钱学森完成在上海交通大学机械专业的学业，以优异成绩考取了清华大学留美预备班。一年后，钱学森远渡重洋，赴美国麻省理工学院攻读航空专业硕士学位。

带着为国争光的一股冲劲，钱学森只用一年时间就拿下了硕士学位。1936 年，钱学森转学加州理工学院，3 年后获得航空、数学博士学位。随后，他在导师、世界力学大师冯·卡门的指导帮助下，开始了高速飞机的气动力学、固体力学、火箭和导弹的研究，并共同合作参与了大量工程实践，一道为美国设计、研制出可以用于作战的第一代导弹，也为世界航空工业的建立奠定了可靠的理论基础。

此时，钱学森声名鹊起，成为和他的导师冯·卡门齐名的著名科学家。美国军队邀请他讲授火箭和喷气技术方面的课程，美国空军则将他的著作《喷气推进》作为内部教材。1947 年，36 岁的钱学森成为麻省理工学院最年轻的教授，拥有了许多人一辈子梦寐以求的地位、名誉和舒适的生活。

但钱学森从未打算在美国长期生活。他清楚地知道，这里只是他人生的一个驿站，祖国才是他永远的家园。

多年以后，钱学森说："我在美国前三四年是学习，后十几年是工作，但所有这一切都在为回到祖国做准备，因为我是中国人。"

1948 年，新中国诞生已不可阻挡，这让钱学森认识到：苦苦等待的时机终于来临！他欣喜若狂，开始了紧张的归国准备。然而，归途竟是那么的坎坷。骚扰、阻挠纷至沓来，美国当局动用了可以动用的全部手段，目的只有一个，就是无论如何都不能让钱学森回国，因为他太有价值了，正如美国前海军次长金贝尔曾经评价的那样："无论在哪里，他都值五个师。"

　　坐牢、软禁、恐吓、跟踪，美国当局的迫害和打击，始终没有让钱学森屈服，反而让他变得更加勇敢和无畏。面对检察官的无理指责，钱学森掷地有声地回答："知识是我个人的财产，我有权决定给谁。而我是中国人，当然忠于中国人民。"在钱学森的长期抗议和新中国的外交斡旋下，美国当局不得不同意让钱学森回国。1955 年 9 月 17 日，带着渊博的学识和一腔热血，钱学森终于登上了归国的航船，此时，距他首次申请回国已过去 6 年。

　　从此，钱学森以自己渊博的知识和赤诚的爱国之心，投入到我国火箭、导弹和航天器的研制工作中。1956 年 1 月，中国科学院力学研究所正式成立，钱学森出任第一任所长。这一年春节后不久，200 多位科学家齐聚北京，研究制定了《一九五六年至一九六七年科学技术发展远景规划纲要（草案）》。钱学森做了一场关于核聚变的精彩报告。半年多后的 10 月 8 日，我国第一个火箭、导弹研究机构——国防部第五研究院正式成立。一年多之后的 1957 年 11 月

回国途中的钱学森一家

16 日，国防部第五研究院一分院，即现在的中国运载火箭技术研究院正式成立，钱学森出任首任院长。钱学森带领科研工作者克服种种难以想象的困难，用 4 年时间研制成功我国第一枚近程导弹，而美国为了实现这一步，花费了近 10 年的时间。接下来，钱学森又继续带领团队，用 4 年时间研制成功中近程导弹，此后又用 2 年时间，于 1966 年实现了"两弹"——导弹和原子弹的结合，使我国拥有了导弹核武器。短短 10 年，我国航天事业从迅速起步发展到逐渐跻身于世界航天大国之列。聂荣臻元帅曾说："这是与学森同志出色的工作分不开的。"

进入 20 世纪 80 年代，钱学森又和其他科学家一道，推动了"863"计划的实施。20 世纪 90 年代，他建议组建科技公司促进科技成果转化，主张发展第四产业，即科技和情报信息业，关注祖国的煤炭地下气化技术，倡导创建精神文明学。2000 年时，对正在启动的西部大开发，他以一个科学家的冷静提醒大家：虽然开发是全面的、综合的，仍然要以农业发展为基础……

钱学森就是这样，满怀殷殷赤子情，拳拳报国心，他将自己有限的生命融入到了祖国和人民伟大的建设事业之中。

1991 年，中央组织部把钱学森和雷锋、焦裕禄、王进喜等作为共产党员的优秀代表，号召全国人民向他们学习。钱学森得知后彻夜难眠，他说："我心情激动极了，我现在是劳动人民的一分子了，而且与劳动人民中最先进的分子连在一起了。"

洞察敏锐，治学严谨

敏锐的思维、超前的意识，始终引领时代潮流，始终站在科学的最前沿，这是钱学森最显著的科学品格。1948 年，美国科学家维纳发表《控制论》，遭到科学界的冷遇，37岁的钱学森却敏锐地把握到这一理论的普遍意义，将这一新理论运用到自己的喷气技术研究当中。1954年，钱学森发表《工程控制论》一书，开

钱学森在作报告

创了一门新的技术科学。几十年来，这本著作被世界各国科学家广为引证、参考，成为自动控制领域引用率最高的经典著作。

在美国研究火箭时，钱学森曾大胆提出以火箭助推飞机实现洲际飞行，此后航天飞机的发展正是这样的思路；在计算机还只是新名词的20世纪50年代，他就预见到"许多复杂的工作可以用计算机模拟"，并极力主张加快研发大型计算机；在能源、交通被普遍视为国民经济两大基础的1985年，他向中央领导建议，信息、通信、计算机也是国民经济的基础，必须大力发展。

500多页的《钱学森手稿》，展现出一代科学巨匠严谨不苟的治学精神。从10000多页科研笔记中选取出的这些手稿，一串串英文清秀流畅，一个个数学公式推导工整严密，一幅幅图表规范整洁，即使小小的等号，也如同用直尺画的一样。为解决薄壳变形的难题，他的研究手稿长达800多页，到第500多页处，他写上："不满意！！！"问题解决后，他在装手稿的信封上用红笔注上"最后定稿"，接着又加上一句"在科学上没有最后"。

坚持真理，实事求是，这是钱学森的科学品格，也是他的人格

风范。年轻时的他不迷信权威，曾经与老师争论得面红耳赤；当他成为权威时，面对青年学子提出的正确意见，他坦然接受并立即在讲义上做出修改。他经常对人说，我在北京师大附中读书时算是好学生，但每次考试也就 80 多分；我考取上海交大，并不是第一名，而是第三名；我在美国的博士口试成绩也不是第一等，而是第二等。

在个人生活上，他也始终严格要求自己。单位要为他盖房子，他坚决不同意，因为"我不能脱离广大科技人员"；报刊上要刊发颂扬他的文章，他要求"到此为止"；在 100 万元港币的巨额奖金面前，他看都未看就全部捐给了我国西部的治沙事业……晚年的钱学森淡然面对荣誉、地位和金钱。

从一名爱国青年成长为著名的科学家，钱学森在不懈的科学追求中，为国家做出了重大贡献，实现了自己的理想。

★2 家国情怀，火箭人生——梁思礼

梁思礼的名字为更多人所知是因他显赫的家庭——他的父亲是近代中国有名的大家、戊戌变法的倡导者梁启超，他的兄长是中国著名的建筑学家梁思成。然而对于了解中国航天的人来说，梁思礼的大名同样是如雷贯耳，因为

梁启超

少年梁思礼

梁思礼讲述航天事业发展

他是中国著名的导弹和火箭控制系统专家，曾经参与了中国航天历史上的诸多"首次。"

以爱国之心·投身航天事业

1924 年，51 岁的梁启超迎来了他最小的儿子梁思礼。梁思礼每每回忆起他与父亲的相处，总是充满了怀念和温情。"有人曾经问我，你从你父亲那里继承下来的最宝贵的东西是什么？我回答说'爱国'。"梁思礼说，"父亲生前曾说过，'人必真有爱国心，然后方可以用大事'，这句话支撑了我一生的追求。"

梁思礼 1949 年从美国回国。在最艰难的岁月里，他仍一心为国，投身航天。梁思礼曾说过："从第一颗原子弹、第一枚导弹、第一颗人造地球卫星到第一艘神舟飞船，我回国后就始终和第一代航天战士一起，白手起家、自力更生，创建起完整坚实的中国航天事业基础，使中国逐渐居于世界航天大国之列。能为此奉献一生，我感到

飞天神器
寻梦太空

无比的自豪和光荣。"他的父亲梁启超著有《少年中国说》，激励无数中华儿女奋进，梁思礼也用一生践行了父亲的嘱托。

不断探索前行

1956 年是梁思礼生命中重要的一年。这一年他加入了中国共产党，也走进了婚姻殿堂。更重要的是，这一年中国第一个导弹研究机构——国防部第五研究院成立，梁思礼被任命为导弹控制系统研究室副主任。从此，他将全部身心都投入到了我国导弹与火箭事业的发展之中。"当时既无资料，也无仪器和导弹实物，除了钱学森外，谁都没有见过导弹和火箭，简直是两手空空，一张白纸。但这是一颗生机勃勃的种子。"他曾经回忆说。

如果说 1956 年是梁思礼人生中重要的一年，那么"东风二号"导弹发射则是他事业的关键节点。1962 年，"东风二号"导弹点火发射，起飞几秒后，"导弹就像喝醉了酒似的摇摇晃晃，头部还冒出白烟，最后落在了发射阵地前 300 米的地方"。这次导弹发射失败带给梁思礼极大的震撼，也是以这次失败为起点，成就了之后的"长征二号"火箭，更成就了梁思礼开创的"可靠性工程学"。

在那之后，"我们才真正懂得怎样自行设计"。梁思礼提出："产品质量和可靠性是

梁思礼与航天员在一起

设计出来的，不是统计出来的；是生产出来的，不是检验出来的；是管理出来的，不是试验出来的。"梁思礼一生得过许多奖项，有过很多头衔，但是他最珍视的还是火箭设计师这个称号。

梁思礼积极推行并领导实施了一系列质量控制和可靠性保证措施，使"长征二号"火箭的可靠性大大提高，我国的火箭发射成功率稳居世界前列，在国际上赢得了很高的声誉。20世纪80年代后，梁思礼开始深入计算机辅助设计领域，又将可靠性工作由硬件拓展到软件。

以趣味为动力

梁启超著有《学问之趣味》，文中说："凡人必常常生活于趣味之中，生活才有价值。"这种趣味主义被梁思礼视为父亲留给他的遗产。他说："人的一生要有趣味，没有趣味人生就没有意义。我先搞导弹控制，再扩展到计算机应用，都是趣味驱使。"

梁思礼90岁时，中央电视台录制了一期对他的访谈节目，从节目中人们可以看到他的书房里摆满了各种唱片，俨然音乐发烧友的架势。他留学期间是摔跤健将，在比赛中屡有佳绩。他还喜欢游泳，借着漂浮的状态想象自己正在"太空出舱行走"。直到生命的最后几年，他仍未减少对体育的喜爱。2010年足球世界杯期间，他还像年轻人一样凌晨起来看比赛直播。在微博大热的2012年，他也和年轻人一同关注微博，并感慨道："现在有些'乱'，但可以汲取的营养更多。"

梁思礼经历过常人难以体会的跌宕起伏——他出身名门、投身航天、功勋卓著，可谓风光无限，也曾经历幼年丧父、亲人相继离世以及特殊年代的政治风波，但爱国、探索、情怀却让他拥有了别样的人生。

 3 材料先行，始出桐斌——姚桐斌

姚桐斌作科研作风专题研究会总结报告

姚桐斌是我国著名的材料工艺专家，航天材料及工艺事业的开拓者和奠基人。1999 年被中共中央、国务院和中央军委追授"两弹一星"功勋奖章。

姚桐斌 1922 年出生在江苏无锡，1946 年考取公费留学生，于 1947 年赴英国伯明翰大学工业冶金系深造，1951 年获冶金博士学位。同年进入英国伦敦大学帝国理工学院从事冶金研究，1952 年成为一名冶金专家。1956 年姚桐斌光荣地加入了中国共产党，1957 年底，他毅然放弃国外优越的生活条件和科研环境，怀着"学有所成，报效祖国"的强烈愿望，义无反顾地回到祖国参加建设，奉聂荣臻元帅指示到国防部第五研究院一分院工作，后任航天材料及工艺研究所首任所长。

高屋建瓴，提出"材料设计"思想

60 年前，我国航天事业正处于起步阶段。导弹新型号的研制离不开材料支撑，设计部门依据不同的工作环境从新型号的弹头、弹体到发动机提出了大量材料问题，这些问题一下子潮水般涌到材料专业工程师面前。

1961年9月6日，由国防部第五研究院一分院领导主持，全院各部门领导和技术骨干参加的全院大会上，姚桐斌应邀做航天材料主题报告，他提出的"材料设计"思想获得了院里当时

1963年姚桐斌在芬兰考察

一些很有影响的人物的极大支持。当时国防部第五研究院一分院发动机总体设计部的任新民主任来材料所谈发动机材料问题时，姚桐斌从材料设计概念、材料设计工作如何开展，讲到材料工作者如何给导弹型号设计工作当好材料参谋等，任新民高兴地说："听了姚所长关于材料设计一席话，搞设计的可有了靠山了，我们双方要加强联系，使型号设计与材料设计协调发展，相互支持，相得益彰。"此后不久，总体设计部主任谢光选在与姚桐斌商讨型号设计与材料设计问题时，对姚桐斌高屋建瓴的材料设计思想十分赞赏，起身告辞时，谢光选连连拱手致意。两位科学家之间的心心相印溢于言表，令在场的人十分感动。

在仿制1059导弹的过程中，大家都对材料的重要性有了深刻认识。钱学森提出："目前，我们不仅应当考虑现有型号的材料，同时应该开始为新型号的材料做准备。"姚桐斌十分赞同这个高瞻远瞩的想法。他知道，导弹在设计时就需要选择材料，如果没有材料，导弹设计只能是纸上谈兵。通过查阅资料，他了解了苏联的成功经验

是材料工艺研究早于导弹设计 3～5 年。而在中国，导弹所需的很多材料都未生产过，因而需要的周期恐怕更长，所以要早动手，早准备，开展预先研究。因此，从 1961 年到 1963 年期间，他多次在报告中强调材料预先研究的重要性，认为材料所的任务是根据导弹研制和发展的需要开展预先研制工作，要求有计划、按比例地开展当前研究与预先研究。

甘当称职的配角

为了强调材料研制在型号设计中的重要作用，姚桐斌曾说："梅兰芳演出，当然他是主角。他演《苏三起解》，还需有萧长华演崇公道。二人在台上谁也离不开谁，各有自己的华彩。我们这个所就是要当好型号的配角，演好萧长华的角色，让梅先生担纲的《苏三起解》演成个满堂彩。"

姚桐斌不仅激励年轻人这么做，他自己也心甘情愿当好全院这盘棋上的配角。

1952 年姚桐斌在英国伦敦帝国科技学院深造

1961 年是航天材料及工艺研究所历史上具有里程碑意义的一年。这一年的 3 月 21 日，要召开全国导弹新材料规划会议，也称"3·21会议"。为开好这次会议，姚桐斌组织所内有关人员按专业分工准备技术报告，他在会上做主题报告。在准备会议报告的过程中，姚桐斌强调，重点抓两件事："一抓技术方向；二抓组织落实。"他身体力行，带队走访许多学者，在此基础上，选出一批单位并上报国防科委邀请他们参加会议，一个向新材料进军的国防科学大军组织起来了。1961年3月21日，会议开幕，钱学森亲临会场做重要讲话，姚桐斌随即做主题报告。钱学森说："这次会议的主角是姚桐斌，我是来帮腔的。"姚桐斌却说："真正的主角是钱院长，我们这些人能够当个称职的配角就不错了。"一时全场掌声四起，笑声一片，姚桐斌为航天事业的发展甘当配角的胸襟令人钦佩。

　　1961年8月17日，导弹用金属材料规划会议召开了，此次会议被称为"8·17会议"。由于姚桐斌是久负盛名的冶金学家，能在这个学术会议上听姚桐斌的科学报告是学者们翘首以盼的事。

　　"8·17会议"规模大，涉及面广。姚桐斌以其严谨的治学态度，一丝不苟地带领工作人员做好会议的准备工作。它和"3·21会议"一起开启了全国协同研制新型航天材料的壮观局面，姚桐斌功不可没。

拿出中国人自己的数据

　　1961年，在"3·21会议"和"8·17会议"之间的5月30日至6月7日，召开了"高温测试会议"。在这次会议上，姚桐斌倡议成立了我国高温测试技术领导小组，同时建立了配套的高温测试技术、测试方法和测试装置。这是姚桐斌以科学家独具的远见卓识为我国高温测试技术领域做出的独特贡献，也为型号材料研究工作奠定了坚实的基础。它的重要意义首先表现在当时解决了型号设计急需的材料性能数据，正如任新民对姚桐斌说的："我们用的是国产材料，

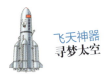

姚桐斌一家的全家福

但材料单位并不提供高温性能数据，设计人员只好查材料手册，找国外材料的高温数据。这样的结果使设计人员不得不再加上一个保险系数，最后把保险系数搞得过高，又不轻易降低保险系数，从而增加了结构重量。今后我们就靠你们了，等你们拿出中国人自己的高温数据来。"

1963 年 7 月 3 日，姚桐斌前往芬兰参加学术会议。会上，有一位外国专家好奇地问姚桐斌："姚先生，我不明白，你在我们国家工作了那么久，可为什么却放弃了良好的科研条件回到中国？"姚桐斌毫不迟疑地回答："我是中国人，当年出国留学，就是为了学成之后回去报效祖国。别看现在中国比较落后，将来一定会强盛起来的。"听完姚桐斌的话，那位外国专家连连点头，表示佩服。

倡导文明科研

姚桐斌领导和组织了科研作风专题研究会，倡导文明科研，他不仅推动文明科研、文明生产，在全院也起到了巨大的教育作用，表现出一个科学家高瞻远瞩、深谋远虑的智慧和才能。他所著的《研究工作方法》一文，不仅得到了钱学森的高度评价，同时也作为科研工作方法和科研工作者必须遵循的工作原则予以推广执行，对整个国防系统的科研工作都有重要的指导意义。

1968 年 6 月，年仅 46 岁的姚桐斌去世了，但他对中国航天事业做出的重要贡献，人们是不会忘记的。2000 年秋，航天材料及工艺研究所为姚桐斌树立了一尊半身铜像，张爱萍将军欣然提笔题写了"我国航天材料工艺奠基者姚桐斌"几个大字，这几个字被镌刻在铜像基座上。姚桐斌的丰功伟绩、高尚品德、渊博学识激励着一代又一代的航天材料工艺人。

④ 中国"保尔"，军工开拓者——吴运铎

吴运铎 1917 年出生于武汉汉阳，是我国兵工事业的开拓者之一，革命家，新中国第一代工人作家。

"只要我活着一天，我一定为党和人民工作一天。"这是我国军工事业

吴运铎在工作

吴运铎的著作

的开拓者、北京航天发射技术研究所首任所长吴运铎一生的写照。

　　解放前，吴运铎主持设计并研制了枪榴筒，参与设计制造了37毫米平射炮以及定时、踏火等各种地雷，为提高部队作战能力做出了贡献。解放后，1958年至1961年，吴运铎任二机部老一所所长（老一所即中国运载火箭技术研究院所属北京航天发射技术研究所的前身）。其间，他组织研制了发射台、发射托架等设备。他曾3次身负重伤，失去了4根手指和左眼，两腿也留下了残疾，身上的伤口有100多处，被称为"中国的保尔·柯察金"，他为国防现代化建设和改善我军装备做出了突出贡献。

为革命，他遍体鳞伤

1917 年 1 月 17 日，吴运铎出生在湖北省武汉市汉阳镇的一个农民家庭。父亲当过学徒、小职员。吴运铎 8 岁时随父亲流落到江西萍乡，在安源煤矿读完小学 4 年级之后，因家境困难被迫辍学，回到湖北老家。他先后做过童工、当过学徒。

抗日战争爆发后，1938 年 9 月，吴运铎辗转来到皖南根据地，参加了新四军，并在军司令部修械所工作。1939 年 5 月，吴运铎光荣地加入了中国共产党。

此后，吴运铎历任新四军二师军械制造厂和新四军兵工厂技术员、副厂长、厂长，在条件十分艰苦、一无资料二无材料的情况下，为了供应前方的军需，他到处寻找火药原料及其替代品，利用简陋的设备研制出杀伤力很强的枪榴筒和发射架，在抗日战场上为消灭敌人做出了重要贡献。

1942 年，吴运铎在挖雷管里的起爆药时，雷管在他手中爆炸，导致他左眼失明、左手有 4 根手指被炸掉。然而他却说："炸掉我的左手，我还有右手；左眼瞎了，还有右眼。"1947 年，在大连试验场的一次炮弹爆炸试验中，吴运铎在检查射出去的哑火炮弹时，炮弹突然爆炸，将他轰到了 20 多米外的海滩上。当时他浑身是血，幸亏他身上带了一个怀表，而怀表刚好在他心脏的位置。炮弹片正好打在怀表上，怀表都打碎了，只剩下了一个底。

捡回一条命后，吴运铎在疗养院进行休养，其间，他仍然坚持工作，坚持学习。腿炸伤了，里面骨头都碎了，有一截甚至都化脓了，疼得打针都止不了疼，但他意志坚强，还在学习日文。为了好得快些，能够早点儿上班，吴运铎甚至主动提出过截肢的要求。

病痛之身投入国防事业

新中国成立后，党组织安排吴运铎到莫斯科克里姆林医院继续治疗。1951 年 10 月 5 日，《人民日报》发表专题报道《钢铁是这样炼成的——介绍中国的保尔·柯察金兵工功臣吴运铎》。从此，"中国的保尔——吴运铎"的名字传遍祖国大地。1952 年，吴运铎被调到北京专修俄语，3 年后，他再次赴苏联学习高炮生产技术。1957 年，吴运铎任包头 447 厂第一任总工程师，由于受伤的左手会影响工作，他经常到北京来看病。医生从他身上其他地方割一点儿肉补充到手指头上，这样手指头就能长一点儿，可以捏住东西了。

20 世纪 50 年代末期，老一所接到了研制"1059"导弹地面设备的任务。航天事业创建初期，条件非常艰苦，没有像样的试验室，吴运铎为了加快进度，就发动大家修建托架试验室。

"当时那个场面太感人了，他眼睛受伤，手受伤，脚也受伤，还跟我们一样，连夜奋战。"曾和吴运铎一起工作过的同事回忆道，"当时是所有的职工集合起来，年轻的男职工打夯，女职工坐在解放牌汽车上当轧路机。老所长非常消瘦，尽管身体不好，但是他还是到现场，喊号子给我们加油，大家也干得非常欢。就是在这样的条件下，老一所按计划修建完成了托架试验室。他真的是把一切献给了党，只要是国家给的任务，为了发展我们的国防事业，他什么都不顾，一定完成。"

帮助青年树立正确三观

　　1953 年，吴运铎就完成了 10 万多字的自传体小说《把一切献给党》，书中充满的革命英雄主义和乐观主义的精神，深深地打动了读者。这本书先后印发了 500 多万册，并被翻译成俄、英、日等多种文字，远销国外，成为鼓励青少年树立正确世界观、人生观、价值观的优秀作品，也激励一代代的青年人为祖国发展而不懈奋斗。当时，全国上下都开展了向吴运铎同志学习的活动，有的工厂、学校还组织了"吴运铎小组"、"吴运铎班"、"保尔班"等开展学习和劳动竞赛。

　　吴运铎在领导军工科研生产的同时，更多关心的是青年的思想状况。1980 年，他写了《和青少年谈道德修养》一书，为广大青少年廓清了认识迷雾。对那些向他求助的残疾青年，他总是像父亲、祖父一般，予以特别的理解和关爱，为他们指明正确的人生道路，成为教育青少年做有理想、有道德、有文化、有纪律"四有新人"的新一代教科书。

　　1983 年 3 月，身残志坚的"优秀团员"张海迪在北京见到了吴运铎。张海迪坐在轮椅上，激动地握住吴运铎的手，说："吴伯伯，您好！您身体好吗？"吴运铎担心张海迪起身吃力，向前紧走两步，说："好！好！你身

吴运铎和青少年在一起

体怎么样？吃饭好吗？"张海迪忙答："我好！我好！"然后，她说出埋藏在心底许久的话，"这些年，我非常感谢您，是您的《把一切献给党》那本书给了我很大的力量。最初，我也觉得自己不行了，不中用了。后来，看了您写的书，心想，您老受了伤，几经磨难，还继续战斗，又搞创作，使我非常感动。"吴运铎鼓励张海迪："要乐观！"张海迪坚定地说："对！多少年来，我就是把《钢铁是怎样炼成的》《把一切献给党》作为精神支柱才生活到今天。"

几天后，吴运铎给张海迪写了一封信，信中说："……这些天，我时常想，我们的时代，的确是一个英雄辈出的时代，这就使得不仅仅是健康的人们，就是残疾人，只要他有一颗强烈的振兴中华的心，就能为国家做出贡献，青年人更是这样。……我们这个时代的青年人，都应有远大的理想。而只有具有远大理想的人，他的精神才永远是充实的。这理想，就是为人民的幸福、为国家的富强而奋斗、而献身。"

1982 年离休之后，吴运铎应邀担任北京、天津、上海多所学校的名誉校长、许多中小学的校外辅导员和一些刊物、群众团体的顾问，将自己的共产主义理想和乐于为祖国事业献身的精神传递给更多的人。1991 年 5 月，吴运铎在北京病逝。

全国中小学生"寻梦太空"文字、绘画作品
征集活动启事

一、活动目的

"探索浩瀚宇宙，发展航天事业，建设航天强国，是我们不懈追求的航天梦。"这是 2016 年 4 月 24 日，在首个"中国航天日"到来之际，习近平总书记做出的重要指示。

中华民族一直都有飞天的梦想。从嫦娥奔月到万户升天，从飞天壁画到如今的"神舟"飞船，飞天梦、航天梦的热血一直流淌在中国人的身体里。随着我国科学技术的发展，中国人的飞天梦、航天梦终于变为现实。

祖国航天事业的不断发展，要靠一代又一代怀揣"寻梦太空"梦想的有志青年投身航天事业。为进一步激发青少年对航天科技的兴趣，开拓青少年科学素质教育的新局面，以"航天梦"助推"中国梦"，中国运载火箭技术研究院特举办全国中小学生"寻梦太空"文字、绘画作品征集活动。

二、活动对象及作品征集时间

活动对象：全国中小学生

作品征集时间：2018 年 3 月 1 日 – 3 月 31 日

三、活动形式

充分发挥想象，在本活动启事背后的页面上撰写或手绘以"寻梦太空"为主题的文字或绘画作品，文字作品不限字数和体裁，不超出页面即可。将作品所在页面裁下后邮寄到下列地址，复印无效。本活动免费参加，作品不予退还。

作品邮寄地址：（100076）北京市 9200 信箱 10 分箱 8 号　团委　收

信封上请注明：寻梦太空

四、评奖办法及奖项设置

由中国运载火箭技术研究院专家组成评审委员会，评选产生一、二、三等奖，其中一等奖 3 名，二等奖 10 名，三等奖 20 名。

一等奖获得者将受邀于 2018 年"中国航天日"前后参观中国运载火箭技术研究院，获得与火箭专家面对面交流的机会；二等奖获得者将获得纪念版运载火箭模型；三等奖获得者将获得精美运载火箭主题书签一套。

五、联系方式

联系人：钱　航　　电话：010-68380200

电子邮箱：qianhang10@foxmail.com

姓名:＿＿＿＿＿＿　学校:＿＿＿＿＿＿　班级:＿＿＿＿＿＿

通信地址:＿＿＿＿＿＿＿＿＿＿＿＿　邮政编码:＿＿＿＿＿

联系电话:＿＿＿＿＿＿＿＿＿＿＿＿